pasta

Textes: © 2001, Pamela Sheldon Johns et Jennifer Barry Design
Photos: © 2001, Joyce Oudkerk-Pool
Photos de la p. 22: © 2001, Pamela Sheldon Johns
Photos des p. 26 et 27: © 2001, Jennifer Barry
Photo de la p. 106: © 2001, Stephen Ellison
Illustration de la p. 6: © Museo Nazionale delle Paste Alimentari, Rome
Illustrations de la p. 12: © 2001, Courtney Johns et Denise Lessier
Styliste: Pouké
Accessoiriste: Carol Hacker/Tableprop
Traduction: Françoise Schetagne

Données de catalogage avant publication (Canada)

Vedette principale au titre:
    Pasta

    (Tout un plat!)
    Traduction de: Pasta!

    1. Cuisine (Pâtes alimentaires).   2. Cuisine italienne.   I. Titre.
    II. Collection.

TX809.M17J6514 2002   641.8'22   C2002-941680-9

Pour en savoir davantage sur nos publications,
visitez notre site: **www.edhomme.com**
Autres sites à visiter: www.edjour.com • www.edtypo.com
www.edvlb.com • www.edhexagone.com • www.edutilis.com

© 2002, Les Éditions de l'Homme,
une division du groupe Sogides,
pour la traduction française

L'ouvrage original a été publié
par Ten Speed Press
sous le titre *Pasta!*

Tous droits réservés

Dépôt légal: 4e trimestre 2002
Bibliothèque nationale du Québec

ISBN 2-7619-1700-6

DISTRIBUTEURS EXCLUSIFS:

• Pour le Canada
et les États-Unis:
MESSAGERIES ADP*
955, rue Amherst
Montréal, Québec
H2L 3K4
Tél.: (514) 523-1182
Télécopieur: (514) 939-0406
* Filiale de Sogides ltée

• Pour la France et les autres pays:
VIVENDI UNIVERSAL PUBLISHING SERVICES
Immeuble Paryseine, 3, Allée de la Seine
94854 Ivry Cedex
Tél.: 01 49 59 11 89/91
Télécopieur: 01 49 59 11 96
Commandes: Tél.: 02 38 32 71 00
               Télécopieur: 02 38 32 71 28

• Pour la Suisse:
VIVENDI UNIVERSAL PUBLISHING SERVICES SUISSE
Case postale 69 - 1701 Fribourg - Suisse
Tél.: (41-26) 460-80-60
Télécopieur: (41-26) 460-80-68
Internet: www.havas.ch
Email: office@havas.ch
DISTRIBUTION: OLF SA
Z.I. 3, Corminbœuf
Case postale 1061
CH-1701 FRIBOURG
Commandes: Tél.: (41-26) 467-53-33
               Télécopieur: (41-26) 467-54-66
               Email: commandes@ofl.ch

• Pour la Belgique et le Luxembourg:
VIVENDI UNIVERSAL PUBLISHING SERVICES BENELUX
Boulevard de l'Europe 117
B-1301 Wavre
Tél.: (010) 42-03-20
Télécopieur: (010) 41-20-24
http://www.vups.be
Email: info@vups.be

Gouvernement du Québec – Programme de crédit d'impôt pour l'édition de livres – Gestion SODEC.

L'Éditeur bénéficie du soutien de la Société de développement des entreprises culturelles du Québec pour son programme d'édition.

Nous reconnaissons l'aide financière du gouvernement du Canada par l'entremise du Programme d'aide au développement de l'industrie de l'édition (PADIÉ) pour nos activités d'édition.

tout un plat !

pasta

Textes et recettes de Pamela Sheldon Johns
Photos de Joyce Oudkerk-Pool

LES ÉDITIONS DE
L'HOMME

Introduction

«Une vraie Napolitaine!» s'exclama en riant notre serveur dans un chaleureux restaurant de Naples. Comme lui, je regardais avec étonnement ma petite fille qui était en train d'engouffrer une énorme poignée de spaghetti qu'elle portait à sa bouche avec ses doigts. Amusé, le serveur a alors pointé au mur la reproduction d'un tableau classique datant de l'époque où, en Italie, des vendeurs itinérants servaient des pâtes dans la rue. La scène représentait deux hommes mangeant des nouilles fumantes avec leurs doigts. Les pâtes ont connu un long parcours depuis cette scène provinciale de la Naples ancienne. Pourtant, elles demeurent toujours les mêmes.

Les pâtes alimentaires de base sont faites avec de la farine et de l'eau. La manière dont ces deux ingrédients sont manipulés peut pourtant faire varier considérablement le goût et la valeur nutritive des pâtes. Nous pouvons aujourd'hui trouver des pâtes industrielles dans le monde entier, mais quelques artisans continuent de les fabriquer comme on le faisait jadis à Naples. Leur secret consiste à utiliser du blé durum (dur) et de l'eau de qualité, à procéder au tréfilage des pâtes avec une filière en bronze pour ensuite les soumettre à une longue période de séchage. Le résultat est merveilleux : le goût naturel des nouilles est tellement délicieux qu'elles ne requièrent en fait qu'un minimum d'assaisonnements. Servies simplement avec un peu d'huile d'olive extravierge et de parmigiano reggiano, elles n'ont besoin de rien d'autre pour se transformer en un mets grandiose.

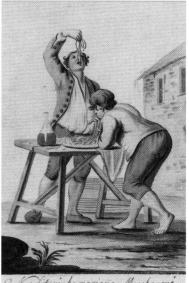

Napolitaniche magiane Maccharoné.

Les pâtes sont rapidement devenues populaires partout en Italie. Dans la plupart des régions, elles sont considérées comme une denrée principale. À l'origine, à cause de leur coût peu élevé, elles servaient à nourrir les paysans. De nos jours, elles font partie de l'art culinaire le plus raffiné. Dans la plupart des restaurants, la qualité de l'entrée *(primo)* laisse présager que la suite du repas sera tout aussi exquise. Avec le temps, les pâtes sont devenues le plat national de l'Italie, rien de moins.

HISTORIQUE

S'il est vrai que l'on peut retracer l'origine des pâtes en Chine vers - 3000, il est faux de croire que c'est l'explorateur Marco Polo qui a été le premier à les importer en Italie. On a retrouvé tout près de Rome des gravures étrusques datant des années - 400 dépeignant la confection des pâtes. Certains historiens croient que les Arabes auraient été les tout premiers à fabriquer des pâtes. Cette hypothèse est valable puisque la Mésopotamie est le berceau de la culture des céréales. Au Ier siècle, dans son livre intitulé *De Re Coquinaria,* l'historien romain Apicius a décrit un ancien mets romain appelé *lagano* ou *laganella* préparé avec de larges bandes de pâte recouvertes de viande, de poisson et d'œufs. Avec le temps, ces mots se sont transformés en *lasagna.* On ignore si on cuisait alors les pâtes au four comme on le faisait déjà pour le pain ou si on les faisait plutôt cuire dans un liquide. Dans son ouvrage, Apicius conseillait même d'ajouter des morceaux de pâte aux soupes pour les épaissir.

Des documents historiques datant d'avant le XIe siècle (pendant la migration arabe) indiquent que l'on faisait sécher les pâtes pour mieux les conserver pendant les longs voyages en bateau. Ces bandes de pâte, appelées *tria* ou *itryia* (mot arabe désignant à l'origine des bandes de pain), provenaient de Palerme. On les faisait avec de la semoule de blé dur parce que le blé ordinaire n'aurait pu supporter le séchage et le transport. On séchait les pâtes sous le chaud soleil de Sicile, puis on les laissait reposer dans des pièces humides (voir p. 25). Cette méthode de conservation permettait leur transport par bateau de port en port, ce qui n'a pas tardé à susciter la curiosité des habitants de Gênes, de Pise, d'Amalfi et de Venise. Les marins se faisaient un devoir de ramener chez eux le secret de la technique de séchage qu'ils avaient apprise en Sicile. Nancy Harmon Jenkins, auteur de *Flavors of Puglia,* décrit une version moderne des *itryia* que l'on trouve encore de nos jours dans la région des Pouilles : «un met délicieux appelé *'ciceri e tria'* est fait avec des nouilles fraîches à base de semoule de blé dur et d'eau. On n'utilise pas d'œufs. On fait bouillir deux tiers des pâtes qu'on mélange ensuite avec des pois chiches. On fait frire ensuite la pâte restante qui servira de garniture.»

Dans un livre publié en 1154, le géographe arabe Idrisi décrit les moulins de Trabia, en Sicile, où l'on fabriquait une grande quantité de pâtes que l'on exportait par bateau dans les pays «musulmans et chrétiens».

Dans l'inventaire d'une succession datant de 1279, on fait mention d'un *bariscella piena de maccherone* (un panier rempli de macaroni), ce qui confirme que les pâtes étaient connues des Italiens avant que Marco Polo ne parte en expédition. Ce document a été rédigé treize ans avant que l'explorateur ne revienne de Chine.

Dans les premiers temps, alors que l'art de la fabrication des pâtes était en pleine évolution, des artisans rigoureux créaient des guildes afin d'établir les règles du marché. La première guilde a vu le jour à Florence en 1337 et réunissait les boulangers et les fabricants de pâtes de la cité. Plus tard, d'autres groupes se sont formés selon les différents types et formes de pâtes que l'on fabriquait: les *fidelari* à Gênes, les *vermicelli* à Naples, à Palerme et à Rome; les *maccaruni* (mot générique pour désigner les longues pâtes tubulaires) et les *trii* (mot sicilien désignant les *spaghetti* et provenant probablement du mot arabe *itryia*) en Sicile; puis les *lasagna* à Venise. Les pâtes sont vite devenues le plat national de l'Italie et plus de trois cents formes de pâtes différentes ont vu le jour au cours des quatre cents dernières années. Au XVIe siècle, les pâtes étaient déjà une denrée principale à Naples, mais ce n'est qu'au XVIIIe siècle qu'elles ont connu un succès commercial. Avant cette époque, le blé dur nécessaire à leur fabrication poussait uniquement en Sicile et dans les Pouilles, et son prix était exorbitant en dehors de ces régions. Les pâtes étaient réservées aux bien nantis qui les dégustaient comme gâterie et même comme dessert. Au XVIIe siècle, alors que les fermiers qui vivaient près de Naples commençaient à faire pousser leur propre blé et que les appareils pour pétrir la pâte étaient plus faciles à utiliser, les pâtes de la Campanie étaient vendues moins cher et distribuées plus largement. Leur consommation n'était plus réservée exclusivement à l'élite et les paysans pouvaient eux aussi se permettre de les inclure dans leur alimentation.

L'importation des tomates d'Amérique à la fin du XVIe siècle a grandement contribué à l'essor des pâtes. La première mention de cet heureux mariage a été faite en 1839 dans un livre de recettes napolitain de Ippolito Cavalcanti, duc de Buonvicino, intitulé *Cucina Teorico Practica*.

Au début des années 1800, trois ports importants ont favorisé le commerce des pâtes: Parlerme en Sicile, Naples en Campanie et Gênes en Ligurie. Le blé durum provenait principalement des Pouilles, de Sicile et d'Afrique du Nord et la demande était telle qu'on en importait même de Russie, près de la mer d'Azov. Jusque-là, le pétrissage, la coupe et le tréfilage de la pâte étaient faits à la main. On laissait sécher les pâtes au soleil et elles étaient soumises à l'humidité ambiante.

Les ateliers de fabrication ont vite proliféré et en 1890 on comptait déjà plus de deux cents manufactures dans les environs de Gênes. La popularité des pâtes fraîches s'est étendue rapidement dans le Nord, le long du fleuve Pô et au-delà de la plaine de Padano. Au Sud, près des zones de culture du blé où l'on trouve une eau de source d'excellente qualité, les villes de Gragnano et de Torre Annunziata, près de Naples, sont devenues le centre d'une industrie florissante. Au début du xxe siècle, avec l'avènement de l'électricité, l'industrie a progressé très rapidement. On a progressivement remplacé la machinerie qui était mue à la main ou à l'aide de chevaux. Des chambres de séchage mécanisées ont permis à des régions dont le climat était peu favorable à la confection des pâtes de s'inscrire dans ce nouveau marché à leur tour. Au cours des vingt années suivantes, l'invention d'équipement permettant d'économiser temps et énergie (transformateurs de semoule de blé dur, pétrisseurs, presses hydrauliques) a permis aux populations moins bien nanties de se procurer cet aliment plus facilement. Dans les années trente, un nouveau système de production permettait de faire de façon successive et ininterrompue les étapes du mélange, du pétrissage et du tréfilage.

De nos jours, la fabrication est souvent faite à l'aide d'ordinateurs, mais certains producteurs préservent la tradition qui fait toute la différence entre les pâtes artisanales et les pâtes industrielles. Leur secret, sans compter leur sélection d'ingrédients de première qualité, réside dans l'utilisation de filières en bronze (disques perforés permettant de faire des pâtes de différentes formes) pour le tréfilage et dans le lent séchage à l'air.

Les filières en bronze donnent à la pâte une surface dure et poreuse qui permet à la sauce de bien y adhérer. Quant aux producteurs industriels, ils utilisent souvent des filières en téflon, plus faciles à nettoyer. Ces filières permettent aussi de façonner les pâtes plus rapidement, ce qui donne aux pâtes une texture extérieure dure et glissante qui ne favorise pas le mariage avec la sauce.

L'autre clé importante est le séchage à l'air qui donne bon goût aux pâtes. Les producteurs industriels font sécher les pâtes rapidement, de deux à quatre heures seulement, à température élevée, ce qui tue leur saveur. Le séchage à l'air fait selon la méthode artisanale se fait dans une pièce chaude où l'on maintient une circulation d'air continue. Il s'agit en fait d'imiter la manière ancestrale qui consistait à faire sécher les pâtes au soleil pendant quelques jours. Les pâtes varient d'une région à l'autre en fonction des ingrédients utilisés et des traditions locales. Les régions nordiques favorisent les pâtes fraîches parce qu'on y trouve de la farine de blé tendre plus facilement. Dans les zones agricoles du Nord, on fait plutôt des pâtes fraîches enrichies aux œufs que l'on sert avec des préparations à base de produits laitiers tels que le fromage, le beurre et la crème. Au Sud, où la population est traditionnellement plus pauvre, on préfère les plats plus maigres tels que les pâtes de semoule de blé dur sans œufs servies avec des ingrédients de la région : huile d'olive, tomate, fromage de lait de brebis, etc. Dans le centre du pays, on observe un mélange des traditions du Nord et du Sud, mais on y trouve une diversité moins grande de pâtes. (En Toscane et en Ombrie, on mange souvent du pain avec les entrées.) Dans les régions côtières, on a créé des pâtes courtes et résistantes qui conviennent bien avec les sauces aux légumes et les fruits de mer.

Malgré toutes ces différences, on trouve dans la plupart des régions des pâtes aux œufs fraîches et des pâtes sèches à la semoule de blé dur. Les pâtes fraîches sont habituellement faites avec de la farine de blé tendre à laquelle on ajoute ou non des œufs. Les pâtes sèches sont fabriquées avec du blé durum, généralement sans œufs.

Les *spaghetti* sont probablement les pâtes les plus populaires dans tout le pays. Les formes et les noms varient d'une région à l'autre. Les pâtes que l'on appelle *farfalle* à Gênes (papillons ou boucles) sont connues sous le nom de *gasse* à Bologne. Le nom est parfois le même, mais la recette peut changer, comme c'est le cas pour les *gnocchi* par exemple. Selon les traditions régionales, on les fait avec des pommes de terre ou avec de la farine.

Le mot *macaroni* désigne toutes les pâtes de forme tubulaire et longue, qu'elles soient pleines ou vides. Le mot *macaroni* convient aussi à toutes les pâtes sèches. Le mot *lasagna* est une pâte plate pouvant avoir n'importe quelle largeur. Certaines pâtes sont exclusives à un lieu particulier. Par exemple, les *chiancarelle* sont des petites pâtes qui ressemblent aux *orecchiette*. Elles rappellent les toits de *trulli* (anciens immeubles en pierre) que l'on peut admirer encore aujourd'hui dans les Pouilles.

On peut noter l'influence des saisons dans la préparation des mets italiens. Les pâtes sont un canevas idéal pour apprêter de manière originale les légumes de saison : artichauts, porcini et autres champignons, etc.

Comme pour toute recette, la qualité des ingrédients décidera de la qualité du mets préparé. L'ingrédient principal est le blé moulu. La devise du Musée national des pâtes de Rome est très éloquente : *Se la farina è argento, la semolo è oro* (Si la farine vaut de l'argent, la semoule de blé dur vaut de l'or).

FORMAT DES PÂTES

On trouve cinq grandes familles de pâtes :

Longues :	Fils pleins (ex. : *spaghetti* et *spaghettini*); tubes creux (ex. : *bucatini* et *fusilli*); pâtes plates plus ou moins larges (ex. : *linguine* et *fettucine*)
Courtes :	Pâtes coupées (ex. : *maccheroni* et *penne*)
Petites :	Très petites et de formes variées utilisées pour les bouillons (ex. : *stelline* et *annelini*)
Estampées :	Découpées dans des feuilles de pâte (ex. : *farfalle* et *cravattine*)
Pliées :	Feuilles de pâte repliées et découpées (ex. : *capelli d'angelo* et *tagliolini*)

Les pâtes dans les différentes régions de l'Italie

Il serait impossible de faire une liste exhaustive de toutes les pâtes puisqu'on en trouve plus de trois cents variétés différentes. Voici les plus populaires.

NORD DE L'ITALIE

Bigoli (Veneto/Friuli)

Garganelli (Emilia-Romagna)

Gramigna (Emilia-Romagna)

Pizzoccheri (Lombardia)

Spaghetti lunghi
(Veneto/Friuli)

Tagliatelle
(Emilia/Romagna)

Tajarin al tartufo (Piemonte)

Tubettini rigati (Lombardia)

CENTRE DE L'ITALIE

Pappardelle (Toscana)

Pici (Toscana)

Spaghettone (Toscana)

Strangozzi (Umbria)

Trenette (Liguria)

Trofie (Liguria)

SUD DE L'ITALIE

Bucatini (Lazio)

Candele (Campania)

Casareccia (Campania)

Cavatelli (Basilicata)

Cavatappi (Abruzzo)

Cencioni (Basilicata)

Chitarra (Abruzzo)

Cicatelli (Puglia)

Conchiglie (Abruzzo)

Farfalle (Campania)

Fettucine (Lazio)

Fregula (Sardegna)

Fusilli lunghi (Campania)

Malloreddus/gnocchetti sardi
(Sardegna)

Orecchiette (Puglia)

Pasta al ceppo
(Abruzzo)

Penne (Campania)

Penne rigate (Campania)

Riccia (Abruzzo)

Rigatoni (Lazio)

Saittini/spaghetti al peperoncino
(Calabria)

Spaghettini (Campania)

Strozzapreti (Calabria)

Taccozzette (Abruzzo)

Ziti (Campania)

CÉRÉALES

On cultive le blé dans le Sud de l'Italie depuis - XVe siècle. Une des céréales les plus anciennes est le *farro commune (Triticum dicoccum)*. On peut retracer son origine à l'époque des Étrusques, en Italie, des centaines d'années avant la naissance du Christ. On croit que cette céréale proviendrait de la Palestine. Ce blé dur permet de faire de bonnes pâtes. Le *farro grande (triticum spelta)* est une variété que l'on trouve en Amérique, mais ce blé est trop mou pour qu'on puisse en faire de bonnes pâtes. Le *farro* a perdu de sa popularité au Moyen Âge alors que l'on commençait à cultiver de nouvelles variétés de blé qui donnaient un meilleur rendement et qui étaient plus faciles à cultiver. Aujourd'hui, en Toscane, dans la région de Garfagnana près de Lucca, le *farro* dur est une denrée de base. On l'utilise entier ou concassé dans les soupes et les salades ou moulu en farine. Le grain a un goût de noisette et contient jusqu'à 20% de protéines. Dans le Nord, le blé tendre pousse bien et on l'utilise pour faire du pain et des pâtes fraîches. La

«nouvelle» variété qui a volé la vedette au *farro* est le durum (blé dur) qui convient parfaitement à la fabrication des pâtes sèches. Le principal centre de culture du blé durum était et est toujours situé dans les plaines de la province de Foggia, dans les Pouilles, à la frontière des Abruzzes. La popularité des pâtes est telle que les fermes suffisent difficilement à la demande internationale. On doit donc importer du blé durum du Canada, de l'Argentine et des États-Unis.

Une famille de la région des Marches a déployé beaucoup d'énergie pour améliorer la qualité du blé durum servant à la confection des pâtes. Depuis 1888, les Latini sont fermiers à Osimo, près d'Ancône. Insatisfaits du durum qui poussait dans leur région, Carlo Latini et son épouse Carla ont cultivé plusieurs variétés de blé à grain dur depuis 1984, toujours à la recherche du blé parfait, riche en protéines et rempli de saveur. S'inspirant des travaux de l'agronome Nazareno Strampelli, Latini a créé une nouvelle variété qu'il a nommée Senatore Cappelli. Celle-ci ne permet pas une culture à grande échelle, mais le grain renferme 17% de protéines. Avec leur modeste récolte, les Latini produisent quatre formes de pâtes: les *spaghetti,* les *spaghettini,* les *pennette* et les *spaghetti alla chitarra.* La Selezione Senatore Cappelli fait partie de mes pâtes sèches préférées. La farine de durum convient à la fabrication des pâtes sèches à cause de sa haute teneur en protéines, un atout qui permet au gluten de mieux se développer. Le gluten se forme quand on ajoute du liquide à la farine et que l'on la remue (pétrir, mélanger, remuer). Le liquide active la gliadine et la gluténine, deux éléments contenus dans les protéines, pour former une structure contenant des granules d'amidon. Cette structure donne de la résistance et de l'élasticité à la pâte. Dans la semoule, le gluten qui se développe est plus fort et plus court que pour le blé ordinaire, ce qui permet de l'étirer plus facilement.

Il est important de connaître ces détails lorsqu'on achète de la farine. Même la farine tout usage est assez riche en protéines pour que le gluten se développe bien. Si l'on fait du pain ou des pâtes, il faut que le gluten se développe de manière satisfaisante afin que la pâte devienne très élastique au fur et à mesure qu'on la pétrit. (Dans les muffins et les gâteaux, si on remue trop la pâte, le gluten ainsi développé la rendra trop spongieuse. C'est pourquoi les recettes recommandent l'utilisation de farine à gâteau ou à pâtisserie et spécifient de ne pas trop remuer la pâte.)

MOUTURE

La mouture des céréales a une longue histoire. À l'origine, les grains étaient moulus à l'aide d'un pilon et d'un mortier. En - 25, à Rome, on utilisait un moulin mû par un cheval. En l'an 100, l'architecte romain Vitruve a dessiné et construit un moulin mû par la force hydraulique pouvant être ajusté selon la mouture désirée.

Il y a quelques années, j'ai rencontré Beppe Parigi, un meunier de Loro Ciuffenna, en Toscane, qui utilise encore aujourd'hui un moulin des années 1100. Il est mû par l'eau de la rivière qui coule juste en dessous. Récemment, j'ai trouvé un autre moulin

> La farine Tipo 00 est blanche et soyeuse et on l'utilise pour la confection des pâtes fraîches. Parce qu'elle contient moins de protéines que la farine tout usage habituelle, je suggère à ceux qui font des pâtes fraîches d'ajouter un peu de farine à gâteau ou à pâtisserie à leur farine tout usage. Dans le livre The Italian Baker, Carol Field recommande d'utiliser une part de farine à pâtisserie pour trois parts de farine tout usage afin d'obtenir une farine semblable à la Tipo 00. Mais n'hésitez pas à faire des essais afin de trouver ce qui convient le mieux à votre goût.

semblable dans le Nord de la Toscane, à la frontière de l'Émilie-Romagne. Ce moulin, le Molino Ronci, est situé à Pontè Messa, à Pennabilli près de Saint-Marin. La famille Ronci gère une petite entreprise de mouture des grains de culture régionale ou d'importation pour des restaurants et des familles italiennes. L'eau de la rivière pénètre sous l'aire de travail où des roues à aubes *(ritrecene)* actionnent la meule. Molino Ronci ne travaille que les grains tendres tels que le maïs qui servira à faire la polenta ou le blé tendre de la région qui sera utilisé pour le pain et les pâtes. Une fois moulue, la farine est filtrée à travers un crible qui sépare le son de la paille, puis elle est pesée et emballée pour la vente. Dans la petite ville de Moscufo, près de Pescara dans les Abruzzes, le moulin Molino Cappelli fait appel à des méthodes plus modernes pour moudre le *farro* biologique. Cesare et Vincenzo Cappelli utilisent une pierre dure et poreuse dont la surface est recouverte de rainures. La vitesse de la roue est d'une importance cruciale pour donner de bons résultats. À cent tours par minute, les Cappelli sont fiers d'obtenir le tiers du rendement des grands moulins industriels. Cette vitesse, plus lente que celle des grandes industries, empêche les grains de chauffer, ce qui préserve leur goût, leur odeur et leurs éléments nutritifs.

En Italie, le blé tendre moulu s'appelle *farina*. Le blé durum moulu est appelé *semola*. Si on le moud encore plus finement, on l'appelle *semolina*. En Amérique, on achète de la *semolina* dont la mouture ressemble beaucoup à celle de la *semola*. Quant à la farine tout usage, elle permet de faire des pâtes tendres au goût agréable. En Italie, les pâtes fraîches sont faites avec de la farine de blé tendre sauf certaines pâtes maison telles que les *orecchiette,* dans le Sud du pays, où l'on préfère utiliser du blé durum.

Les Italiens classifient les farines selon le degré de raffinage qu'elles ont subies contrairement aux Américains qui les classent selon leur teneur en protéines. La Tipo 00 est la plus raffinée et est celle qui contient le moins de fibres puisque 70% de celles-ci ont été retirées. La Tipo 1 et la Tipo 2 contiennent une grande quantité de leur pellicule et de leur germe tandis que l'integrale est faite de grains entiers. Sa consistance varie selon la mouture choisie.

Visite au pays des artisans

PÂTES FRAÎCHES : RAVIOLI ET FUSILLI

Je ne vais jamais dans le Sud de Naples sans rendre visite à mon amie Cecilia Baratta Bellelli. J'en profite pour demeurer sur sa ferme *(agriturismo)* située près de Paestum, au Sud de Salerne, où se trouvent de magnifiques ruines de l'architecture grecque classique. Cecilia élève des buffles dans les basses terres humides de la rivière Sele. À sa table, on déguste les mets savoureux qu'elle cuisine avec le lait de buf-flonne. Mon amie m'a permis de faire des découvertes gastronomi-ques mémorables. Au cours d'une récente

visite, elle m'a présentée à Giuseppina Maffia qui tient boutique à Capaccio Scalo.

Inspirée par la mozzarella de lait de bufflonne fabri-quée dans sa région, Signora Maffia vend des pâtes depuis plusieurs années. Elle a appris cet art de sa grand-mère qui lui a transmis sa dextérité manuelle exceptionnelle pour travailler la pâte. Le nom de sa boutique, La Casereccia, signifie «à la mode de chez nous». Sa belle-sœur Francesca Sabia et elle ont inscrit une vingtaine de pâtes de différentes formes à leur répertoire, mais chaque jour elles n'en propo-sent que deux ou trois à leurs clients. Les *fusilli,* les *gnocchi* et les *strascinati* (*orecchiette* de la région) doivent être façonnés à la main et ce travail est très exigeant. Les seules pâtes colorées qu'elles prépa-rent sont les *foglie di ulivo* (feuilles d'olivier), de longues pâtes ovales auxquelles elles ajoutent des épinards.

Les *ravioli* farcis à la ricotta de lait de buf-flonne sont la spécialité de Signora Maffia. Elle les offre sous six diffé-rentes formes : le *cap-pellaccio,* un *ravioli* rond de 8 cm ; le *ces-tello,* en forme de pyra-mide ; l'*agnolotto,* un petit carré ; le *triangolo* ; le petit *raviolo* rond et, le *nec plus ultra,* le *casereccio,* un rectangle de 8 cm x 12 mm regorgeant de saveur. Tous ces *ravioli* ont des bords festonnés.

La recette de base de Signora Maffia pour les pâtes fraîches consiste à utiliser 100 g (3 $\frac{1}{2}$ oz) de farine Tipo 00 (blé tendre) et un œuf entier par portion. La couleur jaune de sa pâte, semblable à celle du beurre, souligne la qualité des œufs qu'elle achète au marché local. À la maison et pour certaines demandes spéciales, elle mélange et roule la pâte à la main. Elle casse les œufs dans le puits qu'elle a creusé au centre de la farine et travaille les ingrédients du bout des doigts en rajoutant un peu de farine de temps à autre. Dans sa boutique, pour répondre à la demande, elle utilise un mélangeur et roule les feuilles de pâte au laminoir.

Mais quand on la regarde faire ses *ravioli,* on constate qu'une grande partie du travail est encore faite à la main. Elle étend les longues feuilles de pâte sur sa table en bois et les recouvre à intervalles réguliers avec un

mélange de ricotta, de parmigiano reggiano, d'un peu de sel et, parfois, d'épinards cuits et hachés. Elle place ensuite une deuxième couche de pâte sur le dessus et, avec ses doigts, Signora Maffia fait sortir l'air et scelle bien la pâte tout autour de chaque petit tas de farce. Elle découpe ensuite les *ravioli* en carrés, en rectangles ou en triangles à l'aide d'une roulette de pâtissier dentelée. Avec une précision étonnante, elle découpe rapidement

les petits tas de farce en laissant environ 6 mm ($^1/_4$ po) de pâte tout autour. Quant aux *ravioli* ronds, elle les façonne à la main. Pour terminer, elle passe les *ravioli* dans la farine avant de les ranger soigneusement sur les plateaux qu'elle exposera dans sa boutique pour la vente. La production de la journée disparaîtra en un rien de temps… les gens du coin connaissent les bonnes choses.

Je lui ai demandé de m'enseigner l'art de confectionner les *fusilli,* ces pâtes dont le centre est vide comme celui d'une paille. Elle a d'abord pris un morceau de pâte de 2,5 x 10 cm (1 x 4 po) qu'elle a

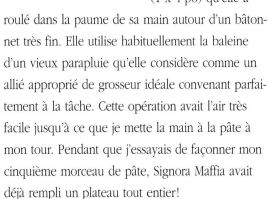

roulé dans la paume de sa main autour d'un bâtonnet très fin. Elle utilise habituellement la baleine d'un vieux parapluie qu'elle considère comme un allié approprié de grosseur idéale convenant parfaitement à la tâche. Cette opération avait l'air très facile jusqu'à ce que je mette la main à la pâte à mon tour. Pendant que j'essayais de façonner mon cinquième morceau de pâte, Signora Maffia avait déjà rempli un plateau tout entier!

ORECCHIETTE

L'été dernier, dans les Pouilles, tandis que je marchais très tôt le matin autour de l'*agriturismo* Masseria Salamina, j'ai rencontré Natalizia Rosato qui veillait sur ses chèvres et ses moutons. Pendant qu'elle les guidait vers leur enclos pour les traire, certains d'entre eux ont sauté par-dessus la petite clôture exactement comme le font les moutons dans nos rêves. Le soir même, j'ai eu le bonheur de déguster un repas au cours duquel on a servi du fromage fait avec le lait onctueux de ses bêtes. Masseria Salamina est situé au cœur d'un lieu magique et surréaliste où se trouvent les *trulli,* des bâtiments de pierre datant du Xᵉ siècle. Cette campagne est située tout près de la petite ville de Pezze di Greco, ce qui signifie littéralement «morceaux du Grec» en référence aux racines anciennes de cette région. *Masseria* signifie «ferme» même si à mes yeux cette résidence ressemble davantage à un château. Les propriétaires la décrivent comme une maison de ferme fortifiée du XVIIᵉ siècle qui a été construite comme un château puisqu'à l'époque on devait se protéger contre l'invasion des Sarrasins. Sur les soixante-dix hectares du domaine vivent des chèvres, des moutons, des poules et des lapins. Les oliviers, les amandiers et les citronniers poussent en abondance. Ce paysage rocailleux des Pouilles est d'une beauté austère, pittoresque et inviolée.

Au cours des quinze dernières années, le *masseria* a pris la vocation d'*agriturismo*. La propriétaire, Anna Luigia Leone, offre des chambres spacieuses et accueillantes. La nourriture est typique

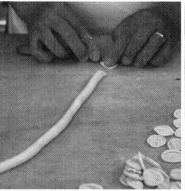

de la région et délicieuse. Signora Leone m'a invitée dans sa cuisine où Natalizia Rosato était en train de préparer pour le lunch les pâtes les plus populaires de la région, les *orecchiette*.

Ici, dans les Pouilles, pays du blé dur, les *orecchiette* et les *cavatelli* sont faits à 100% avec celui-ci. L'utilisation de blé dur pour faire des pâtes fraîches est exceptionnelle. Il est difficile de travailler cette pâte à la main et sa texture est différente. Le goût est satisfaisant et prononcé, surtout si la cuisson est faite correctement. Les *orecchiette* sont presque caoutchouteux et ont un léger goût de noisette. Ils sont savoureux dans la recette classique appelée Orecchiette con Cime di Rape (p. 95).

Natalizia a mis un petit tas de *grano duro* jaune *(semolina)* au centre d'une planche en bois. Elle a fait un puits au centre, y a versé de l'eau froide et a commencé à mélanger les ingrédients avec ses doigts. Elle a ensuite entrepris le difficile travail de pétrissage. Moi qui l'avais vu à l'œuvre avec ses moutons le matin même, je trouvais qu'elle ne semblait pas à sa place dans cette cuisine remplie d'ustensiles en acier inoxydable. Quand elle a commencé à pétrir, tous mes doutes ont disparu. Sa pâte, jaune comme du beurre, était solide et résistante. Les mains fortes de Natalizia ne se lassaient pas de la pousser et de la tirer pour l'assouplir.

Satisfaite, elle a mis la pâte de côté où elle l'a laissée reposer pendant qu'une grosse marmite remplie d'eau atteignait son point d'ébullition.

Orecchiette signifie «petites oreilles». Natalizia a coupé un morceau de pâte et l'a roulé pour former un cordon de 12 mm ($\frac{1}{2}$ po) d'épaisseur. À l'aide d'un couteau, elle a coupé des morceaux gros comme une pièce de monnaie qu'elle a ensuite pressés contre la planche rugueuse avec un couteau à lame plate.

Elle a ensuite mis un morceau de pâte sur son pouce pour le marquer d'un petit creux qui servirait à retenir la sauce. La planche rugueuse sur laquelle elle travaillait donnait aux *orecchiette* une surface brute qui permettrait elle aussi à la sauce de mieux adhérer à la pâte.

J'ai demandé à Natalizia si je pouvais me permettre d'essayer à mon tour. La première rondelle de pâte que j'ai coupée s'est retroussée comme un taco. «Non! m'a-t-elle dit en souriant. Si vous appuyez trop fort, vous obtiendrez des *cavatelli* au lieu des orecchiette.»

Ce jour-là, j'ai aussi appris que si la pâte est trop aplatie, on obtiendra des *stacchjoddi*. Je n'étais tout de même pas un cas désespéré puisque je venais d'apprendre à façonner trois sortes de pâtes différentes en une seule leçon!

MACCHERONI ALLA CHITARRA

À Pianella, entre les montagnes et la mer, tout près de la ville nommée curieusement Penne, mon ami Gianluigi Peduzzi m'a présenté Luciana di Giandomenico, une experte dans l'art de la confection des *maccheroni alla chitarra.* Il y a quelques années, j'ai reçu un magnifique cadeau de Gianluigi. Il s'agit d'une *chitarra,* un instrument servant à fabriquer les pâtes qui ressemble à une guitare à cause de sa caisse en bois sur laquelle sont tendus des fils métalliques. J'aime beaucoup faire des pâtes à la maison avec mes amis. La *chitarra* nous

est alors très utile. Je prépare la pâte à l'avance et mes amis décident quelles formes ils souhaitent lui donner. Certains font des *ravioli,* d'autres des *tortellini,* d'autres encore s'amusent à faire des pâtes traditionnelles des Abruzzes.

Dans les Abruzzes, quand Luciana fait ses pâtes avec la *chitarra,* elle utilise beaucoup de farine pour les empêcher de coller. Elle fait sa pâte avec un mélange de farine blé durum et de farine de blé tendre. Elle roule d'abord des morceaux de 6 mm ($^1/_4$ po) d'épaisseur environ. Elle place une feuille de pâte sur la *chitarra,* puis la presse avec un rouleau à pâte à travers les fils métalliques afin d'obtenir de longues nouilles. Sa *chitarra* est semblable à la mienne et il y a un espace d'environ 6 mm ($^1/_4$ po) entre les fils. Luciana aime parfois fabriquer des nouilles plus larges appelées *rintrocili* en utilisant tout simplement une feuille de pâte plus épaisse. Certaines *chitarre* ont des fils plus rapprochés les uns des autres, ce qui permet de faire des *spaghetti alla chitarra* ou des pâtes plus larges en forme de rubans.

Luciana avait encore la main à la pâte lorsque Giuseppina d'Annibale est arrivée pour nous enseigner l'art de faire des *frascarelli.* «Les mamans qui allaitent adorent ce mets, dit-elle, parce qu'il les aide à avoir beaucoup de lait.» Elle avait bien choisi le moment pour partager sa recette puisque son fils Giancarlo et son épouse Stefania étaient depuis peu les nouveaux parents d'une petite fille baptisée Judizia. Toutes les femmes présentes se sont empressées de prendre la petite dans leurs bras à tour de rôle et celle-ci n'a pas bronché une seule fois.

Signora d'Annibale a mis un tas de farine sur une planche et l'a aspergé d'eau à l'aide d'un petit balai (voir p. 20). Ce balai permet aux gouttelettes d'humecter la farine sans l'imbiber outre mesure. Elle a frotté la pâte contre la paume de sa main puis, en la pressant entre ses doigts, elle a façonné des petites boules. Elle les a ensuite secouées dans une passoire à larges mailles afin de les débarrasser de l'excédent de farine. J'avoue que j'étais plutôt sceptique quand elle m'a raconté que ces pâtes avaient le pouvoir d'augmenter la lactation chez les nouvelles mamans.

«Croyez-moi, ça marche! me dit-elle. Vous faites sauter des tomates, de l'ail et un peu de peperoncino dans de l'huile d'olive, puis vous versez cet apprêt sur des pâtes qui ont bouilli trois ou quatre minutes dans l'eau salée jusqu'à ce qu'elles aient la consistance de la polenta. Ne me demandez pas pourquoi, mais ça marche.»

Giancarlo, le fils de Signora d'Annibale, et son beau-frère Gianluigi Peduzzi mangent des pâtes tous les jours. Et pourquoi pas? Après tout, ils sont les producteurs de pâtes sèches qui font partie de mes préférées, les Rustichella d'Abruzzo.

PÂTES SÈCHES

Après avoir observé les femmes préparer des pâtes fraîches avec leur doigté magique, j'ai

accepté l'invitation de Gianluigi qui tenait à me faire visiter sa «nouvelle manufacture et son vieil équipement» afin de m'expliquer les premières étapes de la fabrication des pâtes sèches. Gianluigi Peduzzi supervise cette entreprise que son grand-père Rafaele Sergiacomo a créée dans la région de Penne. Sergiacomo était meunier et il a été le premier à passer du moulin à eau au moulin à l'électricité. La famille a commencé à fabriquer des pâtes sèches dans les années 1930 sous la direction de Gaetano Peduzzi, le grand-père de Gianluigi. Depuis 1981, année où il a commencé à travailler avec son père Piero, Gianluigi se fait un devoir de

Introduction

préserver la tradition familiale. Aujourd'hui, avec son beau-frère Giancarlo d'Annibale, il est à la tête d'une entreprise artisanale prospère.

FAIRE LA PÂTE

La sélection des grains est très importante. Chez Rustichella, la farine n'est jamais moulue plus de vingt-quatre heures avant de faire la pâte. À la fin des années 1700 et au début des années 1800, la *gramolatura,* c'est-à-dire le pétrissage de la semoule de blé dur avec de l'eau bouillante, était faite avec les pieds dans un long pétrin en bois appelé *madia*. Plus tard, un appareil

plus sophistiqué appelé *gramola* a permis de faciliter cette étape.

La quantité d'eau requise peut varier selon l'humidité naturelle du grain qui dépend directement de l'humidité présente dans l'air au moment de la récolte, de la méthode d'entreposage et de l'humidité ambiante. Seul un artisan très expérimenté possède une connaissance approfondie de tous ces éléments.

Rien n'est ajouté, pas même du sel. Une loi italienne interdit tout ajout de colorant artificiel ou d'agent préservateur. Quand la pâte est suffisamment mélangée et pétrie, on s'assure qu'elle ne contient aucune bulle d'air qui pourrait altérer le produit final.

TRÉFILAGE ET COUPE

La pâte subit ensuite le procédé de tréfilage ou *trafilatura*. À l'origine, le *torchio* était une presse mue par un levier mécanique qui servait à pousser la pâte à travers la filière. De nos jours, toutes les étapes, sauf le séchage, sont assurées entièrement par une seule machine. Le seul changement est l'utilisation d'une filière en bronze pour façonner la pâte. Celle-ci passe à travers la machine, sous pression, afin d'empêcher la formation de bulles d'air. Les grandes industries utilisent une pression tellement grande que la pâte a tendance à chauffer. On refroidit alors la filière avec de l'eau.

Le grand-père de Gianluigi est le créateur des filières en bronze. Il y en a des centaines, toutes

destinées à fabriquer des pâtes de différentes formes. Par exemple, on fait passer les *conchiglie*, ou coquilles, à travers un arc qui force la pâte à se retrousser à la sortie. La filière servant à faire des pâtes tubulaires a un trou rond et une aiguille au centre. Les pâtes sortent de la machine et sont ensuite coupées au couteau. Les pâtes bolonaises telles que les *farfalle* sont estampées par les plaques de tréfilage.

Dans une autre partie de l'Italie, le vendredi est la journée des *spaghetti* pour Mario et Dino Martelli. Il en est ainsi depuis 1926 dans le charmant village médiéval de Lari, près de Pise. Leur grand-père, Guido Martelli, et son frère Gastone ont acheté une manufacture de pâtes *(pastificio)* de la famille Catellani qui y était productrice depuis la fin des années 1800. Les Martelli contrôlent minutieusement la haute qualité de leurs pâtes en refusant toute expansion précipitée de leur entreprise. Leur production est modeste : environ une tonne par jour (2200 lb). Les méthodes de production manuelles mises en valeur depuis la naissance de la manufacture n'ont jamais changé depuis. Tous les membres de la famille participent à un aspect de la production, y compris Lorenzo, le fils de vingt-deux ans, et ses sœurs Valentina et Chiara. Les corvées sont divisées équitablement : l'un veille à la préparation de la pâte, au tréfilage et au séchage ; l'autre s'occupe de l'emballage tandis qu'un autre s'occupe des ventes et de la promotion. Leurs pâtes possèdent toutes les qualités d'un produit artisanal : le blé durum d'origine canadienne moulu à proximité, la filière en bronze, puis le séchage lent et naturel. Les Martelli fabriquent quatre sortes de pâtes traditionnelles en respectant une façon de faire trouvée dans un

ancien catalogue napolitain : le lundi, le jeudi et le samedi sont les journées des *spaghettini* et des *pasta corta (penne* et *maccherone)* ; le mardi et le vendredi sont consacrés aux *spaghetti,* puis le mercredi est réservé à l'emballage.

Je suis arrivée un vendredi pour observer la production des *spaghetti.* Les filières en bronze sont perforées de trous ronds à travers lesquels on fait passer la pâte. Au fur et à mesure que les pâtes émergent des trous, elles forment de longs cordons et pendent comme des rideaux. Une tringle en mouvement placée derrière les empêche de s'entremêler. Les *spaghetti* sont coupés avec une lame bien affûtée puis enroulés autour de tiges sur lesquelles ils sécheront pendant une période de quarante-huit à cinquante heures selon les conditions extérieures. On les fera ensuite reposer dans des contenants en bois jusqu'au mercredi

suivant où on les emballera dans de jolis sacs jaunes. Ces pâtes sont faites avec 70% de semoule de blé dur et 30% d'eau. Elles requièrent moins d'eau à cause du climat plus humide de Lari. On mélange la pâte plus lentement et on procède au tréfilage en utilisant moins de pression que certains producteurs, ce qui donne des pâtes poreuses à laquelle la sauce adhère bien. La porosité fait en sorte que les pâtes absorbent plus d'eau au moment de la cuisson, ce qui est excellent.

SÉCHAGE

Une fois l'étape du tréfilage terminée, les pâtes Martelli sont jetées automatiquement sur des plateaux de séchage placés sur un système d'engrenage qui les conduira à la phase suivante : le séchage.

Le séchage à l'air est essentiel à la qualité des pâtes. Une étude faite en 1987 indique que les hautes températures peuvent détruire le goût et les éléments nutritifs des pâtes. Certains grands producteurs succombent à la tentation d'utiliser des grains et de la farine de qualité moins élevée. Les salles de séchage des producteurs artisans sont maintenues à une température de 40 à 45 °C (77 à 86 °F). La circulation d'air doit être constante afin d'imiter le séchage au soleil. Ce long séchage, qui peut durer jusqu'à soixante heures selon la grosseur et le format des pâtes, préserve leur goût et permet à l'eau qu'elles renferment et qui pourrait les gâter de s'évaporer naturellement. Selon la loi, les pâtes sèches doivent avoir une teneur en humidité de 12,5% ou moins.

L'humidité de l'air varie au cours des différentes étapes. Pour commencer, l'air est plus sec et forme une couche dure sur les pâtes pour maintenir leur forme. L'atmosphère devient ensuite humide afin de permettre une déshydratation plus lente. L'humi-

dité empêche les pâtes de se fissurer ou de craqueler. Autrefois, la chaleur du soleil favorisait l'*incartamento,* c'est-à-dire un premier séchage intense. Les pâtes étaient ensuite conservées dans un cellier humide et frais pour le *rinvenimento* qui permettait de redistribuer uniformément l'humidité dans les pâtes. Le séchage final avait lieu dans des greniers bien aérés ou des cours bien protégées. Il fallait alors compter de huit à trente jours pour le séchage. Naples bénéficie des conditions météorologiques idéales pour cette étape.

Dans le village de Castel San Giorgio, près de Naples, Mario et Luigi Vicidomini ont repris le travail de leur père Raimondo dans une entreprise de pâtes créée en 1812. Avec leur beau-frère Aniello Rainone, ils travaillent douze heures par jour dans cette manufacture qui est certainement l'une des plus anciennes d'Italie. Ils produisent cent cinquante variétés de pâtes différentes.

Dans la *cella cirillo,* une chambre de séchage des années 1940, les pâtes sèchent sur des goujons en bois. La pièce n'est évidemment pas chauffée et seule une hélice en bois assure une aération continue pour diminuer la chaleur étouffante. «La durée du séchage dans cet enfer variera en fonction de la forme et de la grosseur des pâtes. «Il est important de les faire sécher lentement, explique Mario Vicidomini. La chaleur intense utilisée dans les grandes entreprises industrielles tue le gluten et le goût. Nos *tagliatelle* sécheront trois jours dans cette pièce; les pâtes les plus grosses, les *candele,* y passeront cinq jours.» Le lent procédé de déshydratation simule l'atmosphère ensoleillée de Castel San Giorgio en souvenir des

beaux jours où l'on prenait le temps d'étendre les pâtes au soleil dans ce merveilleux coin de la Campanie.

Gerardo Liguori, un ami de la famille qui vend les pâtes de Vicidomini dans des petites boutiques de la région, vient d'une famille qui a déjà possédé un très ancien *pastificio.* «Quand nous étions enfants, notre travail consistait à surveiller les pâtes qui séchaient dans les rues. Il fallait chasser les chèvres qui essayaient de les manger. Vicidomini continue de faire des pâtes comme à cette époque parce qu'il achète la meilleure semoule d'Altamura et utilise de l'eau de montagne. Son produit ne peut être comparé à ce que font les grandes industries dont les pâtes n'ont pas meilleur goût que les lupins.» (Il s'agit d'une analogie énigmatique mais touchante puisque les lupins *(lupini)* sont des haricots secs que l'on consommait pendant la guerre quand on n'avait plus de farine. Ils sont nourrissants mais ont peu de saveur.)

Les machines de Vicidomini ont soixante ou soixante-cinq ans et c'est probablement Raimondo qui les a achetées. Les opérations manuelles sont encore très importantes : les *linguini* sont coupés avec des ciseaux au moment du tréfilage. Les *calamari,* qui figurent parmi mes pâtes préférées, sont des rondelles qui ressemblent à de petites tranches de calmar. Les Vicidomini fabriquent les pâtes traditionnelles dont les *candele,* de longs tubes qui ressemblent à des chandelles. Ils achètent du blé durum de leur région et produisent jusqu'à deux tonnes (4400 lb) de pâtes par jour.

De nos jours, dans plusieurs pays, on a la chance de pouvoir se procurer une grande variété de pâtes sèches faites de manière artisanale. Les produits fabriqués par Martelli, Latini et Rustichella d'Abruzzo sont faciles à trouver et peuvent être commandés par la poste. Parmi les autres marques dignes de mention, souli-gnons Benedetto Cava-lieri, Il Trullo: Sapori di Puglia, Gianfranco Zacca-gni, Mamma Angelica, Cav. Giuseppe Cocco, Dallari, Michele Porto-ghese et Settaro. Certai-nes grandes manufactu-res ont le mérite de pré-server coûte que coûte les méthodes de fabrication traditionnelles. D'autres sont devenues des multi-nationales et n'appartiennent plus à des familles ita-liennes. Parmi les grands noms, mentionnons Agnesi, Buitoni, Barilla, De Cecco et Delverde. Depuis 1824, la maison Agnesi est située à Imperia, dans le Nord de la Ligurie, près de la France. En 1990, l'entreprise a été achetée par un conglomérat français. La famille a alors décidé de créer une fon-dation ainsi que le Musée national des pâtes de Rome (1993) afin de faire connaître la culture culi-naire italienne, d'encourager la recherche et de pro-mouvoir l'utilisation des pâtes pour soulager la faim dans le monde.

En 1827, Il Pastificio Buitoni a été la première grande manufacture de pâtes à ouvrir ses portes. Barilla et Buitoni, les deux plus grandes entreprises de pâtes d'Italie, luttent pour maintenir leur suprématie dans le domaine de l'impor-tation mondiale. De Cecco produit des pâtes depuis 1887. Cette importante entre-prise a le mérite d'utiliser des filières en bronze. Ses méthodes de séchage sont plus lentes que celles de la plupart des autres grands manufacturiers.

FAIRE DES PÂTES À LA MAISON

J'ai fait des pâtes fraîches tellement souvent qu'il s'agit d'une seconde nature pour moi. En trente minutes et en moins de temps encore si j'utilise le

robot de cuisine pour mélanger la pâte, je suis en mesure de servir à mes invités un délicieux repas. De plus, les ingrédients nécessaires sont tellement accessibles qu'il ne me viendrait jamais à l'idée d'acheter des pâtes fraîches au magasin.

Je n'aime pas les machines qui servent au mélange et au tréfilage. Je préfère faire la pâte à la main et la faire passer à travers une machine à manivelle comme celles des compagnies Atlas et Imperia. Je n'utilise jamais de semoule de blé dur. J'opte plutôt pour la farine tout usage à laquelle j'ajoute parfois un peu de farine à pâtisserie si je veux faire des pâtes aussi raffinées que celles que l'on trouve en Italie.

Je ne suis pas une adepte des gadgets à la mode, mais certains d'entre eux sont essentiels à la confection des pâtes fraîches. La pâte peut être faite à la main ou à l'aide du robot de cuisine. Les puristes prennent un rouleau à pâte pour rouler les feuilles de pâte, mais une machine à manivelle comme celles des compagnies Atlas et Imperia peut être utile. On peut les renforcer avec un moteur, mais j'avoue que j'aime les gestes très phy-siques qu'il faut déployer pour pétrir et rouler la pâte. Une roulette de pâtissier dentelée et des emporte-pièce sont des outils indispensables. Un récipient de grande contenance dans lequel on pourra faire bouillir beaucoup d'eau est aussi requis. Achetez-en un qui contient une passoire sinon vous devrez en acheter une séparément. Il n'est pas nécessaire d'avoir une grille pour le séchage, mais cela peut vous être utile si vous confectionnez de grandes quantités de pâtes.

Les pâtes fraîches ne conviennent pas à tous les usages. Les sauces lourdes doivent être servies avec des pâtes sèches plus résistantes à base de *semolina*. Les pâtes sèches et les pâtes fraîches n'ont pas le même goût. Ce sont simplement deux choses différentes.

Des pâtes qui ont subi un séchage adéquat peuvent être conservées pendant au moins un an. Les pâtes fraîches se gardent quelques jours seulement dans le réfrigérateur selon la fraîcheur des œufs utilisés. Il est toutefois préférable de les manger aussitôt qu'elles sont faites.

Les pâtes fraîches cuisent rapidement. Les cheveux d'ange demandent de 30 à 60 secondes de cuisson; les *fettuccine,* 1 ou 2 minutes; les *ravioli,* 2 ou 3 minutes. Les pâtes sèches doivent être cuites plus longtemps puisqu'elles ont besoin d'être réhy-dratées. On ne doit jamais servir des pâtes molles ou trempées. Elles doivent toujours avoir un carac-tère croquant. Les Italiens parlent de pâtes *al dente,* «à la dent». Ils croient que la cuisson *al dente* les rend plus digestes et leur donne meilleur goût. Il est difficile de dire exactement pendant combien de minutes on doit cuire les pâtes. À titre indicatif, les pâtes longues et fines telles que les *fettuccine* ou les *spaghetti* requièrent 7 ou 8 minutes de cuisson alors que les pâtes courtes telles que les *penne* en demandent de 8 à 10.

La manière la plus efficace de vérifier la cuisson est d'en goûter quelques-unes. La partie extérieure (et la partie intérieure des pâtes creuses) cuit en premier et la couleur change. La partie qui n'est pas encore cuite au centre reste blanche. Quand cette partie encore blanche com-

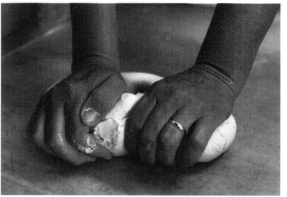

mence à disparaître, les pâtes sont prêtes. La chaleur ambiante prolongera la cuisson des pâtes qui auront ainsi une consistance parfaite au moment du service. Si l'on a fait cuire les pâtes trop long-temps, il suffit de verser de l'eau froide dans la casserole pour mettre fin immédiatement à la cuisson. Pour déterminer les quantités requises, compter environ 120 g (4 oz) de pâtes sèches par personne. Les pâtes de fabrication artisanale absorberont plus d'eau au moment de la cuisson et tripleront de volume.

On doit cuire les pâtes dans une grande marmite remplie d'eau – au moins 6 litres (24 tasses) d'eau pour 500 g (1 lb) de pâtes. Cette précaution empêchera les pâtes de coller ensemble. Il ne faut pas ajouter d'huile. Si les pâtes sont dans une casserole suffisamment grande et si on les remue souvent en cours de cuisson, elles ne colleront pas. Avant de mettre les pâtes dans l'eau bouillante, on ajoute une généreuse quantité de sel, ce qui leur donnera du goût. Je mets environ 2 c. à café (2 c. à thé) de sel pour 500 g (1 lb) de pâtes. Faites bouillir l'eau sur feu élevé. Ajouter les pâtes, par petites quantités à la fois, et remuer. Dès que les pâtes sont dans l'eau, réduire la chaleur. Cuire à découvert en les remuant souvent à l'aide d'une cuiller en bois pour les empêcher de coller. Quand elles sont cuites, les égoutter dans une passoire et réserver un peu d'eau de cuisson pour l'ajouter à la sauce si on le désire.

PÂTE FRAÎCHE

Un peu plus de 500 g (1 lb)

375 g (2 ½ tasses) de farine tout usage
75 g (½ tasse) de farine à pâtisserie
4 œufs (selon le degré d'humidité requis)
1 c. à soupe d'huile d'olive extravierge

À LA MAIN

Mettre les deux farines en tas sur une surface de travail. Faire un puits au centre et y verser les œufs et l'huile. Avec les doigts, dans un mouvement circulaire, incorporer les œufs dans la farine. Façonner une boule et pétrir à la main de 10 à 15 minutes ou jusqu'à consistance élastique. Laisser reposer 15 minutes.

AVEC LE ROBOT DE CUISINE

Mettre les deux farines dans le robot de cuisine muni d'une lame en acier inoxydable.

Dans un petit bol à bec verseur, fouetter les œufs et l'huile.

Pendant que le moteur tourne, verser lentement les œufs dans la farine jusqu'à ce que la pâte commence à se détacher des côtés du bol. Mélanger pendant 30 secondes et vérifier la texture. La pâte doit être suffisamment humide pour bien se tenir, mais elle ne doit pas être collante.

Sur une surface de travail farinée, pétrir la pâte et façonner une boule. Réserver.

AJOUTER DE LA COULEUR À LA PÂTE

On peut ajouter de la couleur à la pâte au moment de la mélanger. Cette opération est plus facile si on utilise le robot de cuisine. Ajouter les ingrédients choisis à la farine et bien mélanger avant d'ajouter les œufs. Si on ajoute des ingrédients humides, on devra peut-être diminuer le nombre d'œufs recommandé dans la recette. On peut faire des pâtes vertes en ajoutant à la farine 90 g (3 oz) d'épinards équeutés et bien épongés. Une botte de basilic frais donnera aux pâtes une couleur vert pastel et un parfum exquis. Pour obtenir une superbe couleur saumonée : un poivron rouge grillé et pelé. Pour faire des pâtes rouges : une cuillerée de pâte de tomate fera l'affaire. Pour des pâtes noires : 1 c. à café (1 c. à thé) de seiche ou de calmar. Pour des pâtes d'un beau jaune doré : une pincée de safran. Les betteraves, les carottes et même les asperges – tous les légumes colorés – donneront de bons résultats à condition d'avoir été assez cuits pour être réduits en purée onctueuse.

Ajouter du goût à la pâte

Les ingrédients qui colorent la pâte lui donnent toutefois peu de goût. Leur ajout est de nature purement esthétique. Il peut être intéressant d'ajouter des épices et des fines herbes à la pâte, par exemple une cuillerée à soupe de poivre noir fraîchement moulu ou 1 c. à café (1 c. à thé) de fines herbes fraîches émincées. Si l'on sert les pâtes avec des fruits de mer, ajouter à la pâte 1 c. à café (1 c. à thé) de zeste de citron finement râpé. Ces ingrédients doivent être parfaitement mélangés à la farine avant de mélanger celle-ci avec les œufs.

Rouler la pâte

Diviser la pâte en huit morceaux et rouler un morceau à la fois. Il devrait être suffisamment mince pour que l'on puisse voir sa main à travers. Conserver la pâte restante dans un sac de plastique pour l'empêcher de sécher.
Avec un rouleau à pâte : Rouler la pâte sur une surface légèrement farinée, puis la retourner pour que son épaisseur soit bien uniforme. Rouler pour obtenir l'épaisseur désirée et laisser sécher 5 minutes sur un linge propre légèrement fariné avant de la découper selon la forme choisie.
Avec une machine à manivelle : Commencer par le côté le plus large. Passer la pâte dans la machine de huit à dix fois en la pliant en deux chaque fois pour l'assouplir. Si la pâte se déchire, elle est peut-être trop humide. Il faut alors la saupoudrer de farine et brosser l'excédent. Continuer de passer la pâte à travers les rouleaux, sans la plier, en utilisant un réglage de plus en plus étroit à chaque étape, jusqu'à ce que la pâte ait l'épaisseur souhaitée.

Laisser la pâte reposer sur un linge propre légèrement fariné et rouler un autre morceau. Découper ensuite la pâte selon la forme choisie.

Couper la pâte

Après avoir séché légèrement, la pâte est prête à être découpée même si elle est encore tendre et

flexible. Elle doit avoir une texture douce comme le suède.

À LA MAIN

Pour faire des pâtes longues comme les *pappardelle*, les *fettuccine* et les *linguine,* plier la feuille de pâte à plusieurs reprises. Avec un couteau bien affûté, couper à travers les couches de pâte pour obtenir la largeur désirée.

Pour faire des *garganelli* avec de la pâte fraîche (voir photo), couper des carrés de pâte fraîche de 5 cm
(2 po). Avec les mains ou un rouleau à pâte, presser chaque carré contre un peigne en bois conçu pour la confection des pâtes de manière que l'extérieur des pâtes soit bien strié. Envelopper les carrés striés autour d'un goujon ou d'un crayon en bois de 12 mm ($\frac{1}{2}$ po) d'épaisseur en commençant par un coin et en roulant vers l'autre. Souder les coins avec un peu d'eau ou d'œuf battu avec de l'eau.

AVEC UNE MACHINE À FABRIQUER DES PÂTES FRAÎCHES

Utiliser le réglage correspondant à la forme de pâte choisie. Passer simplement une feuille de pâte dans la machine en utilisant le réglage approprié.

NOTE

Une fois coupées, les pâtes doivent reposer sur un linge propre légèrement fariné. On doit soulever les pâtes longues de temps à autre, surtout si elles sont humides, pour les empêcher de coller.

FARCIR LES PÂTES

Si l'on fait des pâtes découpées à l'emporte-pièce ou à côtés droits telles que les *ravioli,* placer une feuille de pâte sur une surface de travail légèrement farinée. Mettre des petits tas de farce sur la pâte à égale distance les uns des autres. Badigeonner légèrement la surface exposée avec de l'eau ou de l'œuf battu avec de l'eau. Couvrir avec une deuxième couche de pâte et presser avec les doigts sur les côtés et tout autour des tas de farce. Découper la pâte selon la forme voulue avec un couteau ou une roulette de pâtissier dentelée.

Pour obtenir des formes circulaires ou repliées comme les *tortellini,* découper d'abord la forme avec un emporte-pièce. Mettre une petite quantité de farce au centre. S'assurer que les bords sont propres avant de bien les sceller. Badigeonner légèrement la surface exposée avec de l'eau ou de l'œuf battu avec de l'eau et presser fortement pour bien souder.

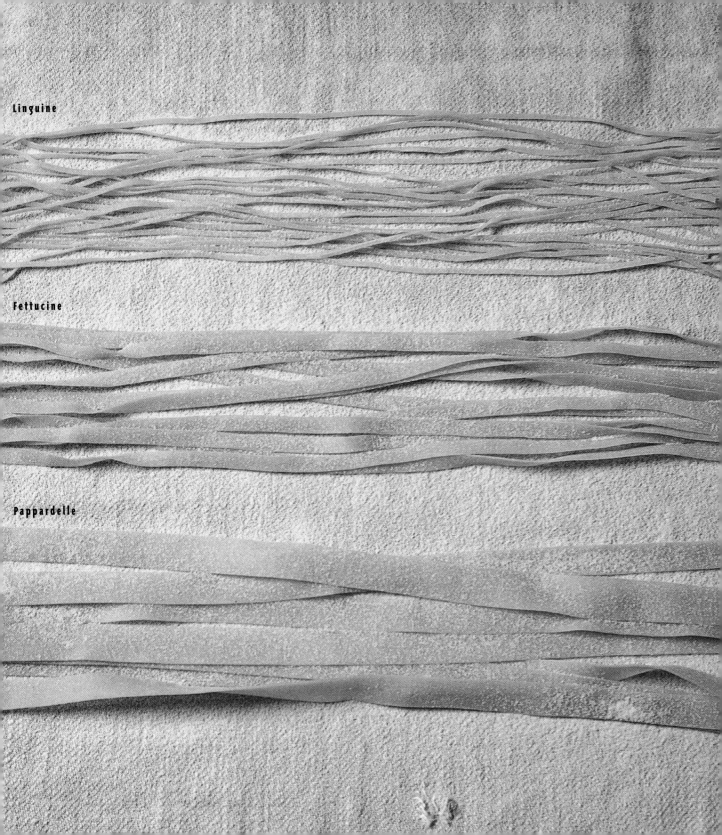

Linguine

Fettucine

Pappardelle

LE NORD

Un homme n'est jamais seul

pendant qu'il mange des pâtes.

Robert Morley

Lasagne à la viande

Lasagna Bolognese

Un plat traditionnel de Bologne, véritable berceau des pâtes fraîches. Errez dans les rues du marché, près de Piazza Maggiore, et vous comprendrez la passion des Bolonais pour la bonne cuisine.

• Pour préparer la sauce : dans un grand poêlon, chauffer l'huile sur feu moyen. Ajouter les oignons, le céleri et les carottes. Cuire de 5 à 7 min environ, jusqu'à ce qu'ils soient dorés. Ajouter l'ail, le bœuf et le porc hachés et remuer sans cesse, jusqu'à ce qu'ils brunissent. Ajouter la crème et réduire de 6 à 8 min, jusqu'à épaississement. Ajouter le vin et réduire de 6 à 8 min, jusqu'à épaississement. Ajouter le bouillon de veau, les tomates hachées et les fines herbes. Laisser mijoter de 1 à 1 ¹/₂ h en remuant de temps à autre, jusqu'à épaississement. Enlever et jeter les fines herbes. Saler et poivrer. Réserver pour laisser refroidir.

• Couper la pâte fraîche en nombre suffisant de lamelles pour couvrir le plat de cuisson. Réserver la pâte fraîche sur une surface légèrement farinée et laisser sécher.

• Pour préparer la balsamella : dans une casserole moyenne, sur feu moyen, chauffer le lait jusqu'à début d'ébullition. Dans une autre casserole, fondre le beurre sur feu moyen. Incorporer la farine à l'aide d'un fouet et cuire 1 ou 2 min, jusqu'à consistance mousseuse. Incorporer le lait chaud en fouettant et remettre sur feu moyen. Cuire, sans cesser de fouetter, jusqu'à épaississement. Saler, poivrer et ajouter la muscade.

• Préchauffer le four à 180 °C (350 °F). Huiler légèrement un plat de cuisson de 32 x 23 cm (13 x 9 po).

• Dans une grande casserole d'eau bouillante salée, cuire les pâtes environ 3 min, jusqu'à cuisson *al dente*. Égoutter et réserver dans un bol d'eau froide jusqu'au moment d'assembler la lasagne.

• Étendre une couche de balsamella au fond du plat de cuisson huilé. Assembler la lasagne en commençant par une couche de pâtes. Couvrir uniformément avec la moitié de la sauce à la viande, faire suivre par une couche de mozzarella, un peu de basilic, puis une couche de tomates en tranches. Répéter les mêmes étapes en terminant par une couche de pâtes. Couvrir avec la balsamella, couvrir de parmigiano reggiano et cuire au four de 30 à 40 min, jusqu'à ce que le dessus commence à brunir. Servir immédiatement. **8 portions**

SAUCE À LA VIANDE
• 60 ml (¹/₄ tasse) d'huile d'olive extravierge
• 2 oignons moyens, en dés
• 1 tige de céleri, en dés
• 1 carotte, pelée et coupée en dés
• 1 gousse d'ail, émincée
• 480 g (1 lb) de bœuf haché
• 480 g (1 lb) de porc haché maigre
• 250 ml (1 tasse) de crème
• 250 ml (1 tasse) de vin rouge
• 500 ml (2 tasses) de bouillon de veau (p. 108)
• 1 kg (2 lb) de tomates mûres, pelées (p. 109) et grossièrement hachées
• 1 brin de romarin
• 1 brin de persil plat frais
• 1 brin de thym frais
• Sel de mer et poivre noir fraîchement moulu

• Pâte fraîche aux épinards (p. 31), roulée en feuilles

BALSAMELLA
• 1 litre (4 tasses) de lait
• 6 c. à soupe de beurre
• 60 g (¹/₃ tasse) de farine
• Sel de mer et poivre blanc fraîchement moulu
• Muscade fraîchement moulue

• 240 g (8 oz) de mozzarella fraîche, coupée en tranches de 6 mm (¹/₄ po) d'épaisseur
• 1 botte de basilic, en julienne
• 480 g (1 lb) de tomates prunes, coupées en tranches de 6 mm (¹/₄ po) d'épaisseur
• 60 g (¹/₂ tasse) de parmigiano reggiano, fraîchement râpé

- 3 c. à soupe d'huile d'olive extravierge
- 60 g (¼ tasse) d'oignons, émincés
- 120 g (4 oz) de porc haché maigre
- 120 g (4 oz) de veau haché
- 60 g (2 oz) de prosciutto de Parme, émincé
- 90 g (¾ tasse) de parmigiano reggiano, fraîchement râpé
- 3 œufs
- ½ c. à café (½ c. à thé) d'huile de truffe
- Sel de mer et poivre noir fraîchement moulu
- Pâte fraîche (p. 31), roulée et coupée en cercle de 10 cm (4 po)
- Tartufo bianco d'Alba (truffe blanche fraîche)

Petits chaussons aux truffes

Agnolotti al Tartufo

PRÉPARATION

Comme il n'est pas toujours facile de se procurer des truffes blanches fraîches, je propose d'utiliser de l'huile de truffe dans cette recette. Choisissez une huile de qualité faite avec de véritables truffes plutôt qu'une huile qui ne contient que de petits morceaux de ce merveilleux champignon souterrain. Si vous avez de la truffe fraîche sous la main, utilisez-la comme condiment en garnissant ce mets avec quelques copeaux au moment de servir.

• Dans un plat à sauter, chauffer l'huile d'olive sur feu moyen. Ajouter les oignons, les viandes hachées et le prosciutto. Cuire de 4 à 5 min, jusqu'à ce que la viande perde sa couleur rosée. Transvider dans un bol à l'aide d'une écumoire pour laisser refroidir. Quand le mélange est refroidi, ajouter 30 g (¼ tasse) de parmigiano reggiano, 2 œufs et l'huile de truffe. Saler et poivrer.

• Battre l'œuf restant avec 1 c. à café (1 c. à thé) d'eau. Mettre 1 c. à café (1 c. à thé) de farce au centre de chaque cercle de pâte. Badigeonner les bords avec l'œuf battu et plier le cercle en deux en scellant les bords. Réserver les petits chaussons sur un linge propre légèrement fariné jusqu'au moment de les faire cuire.

• Dans une petite casserole, fondre le beurre jusqu'à ce qu'il devienne mousseux. Garder au chaud.

• Dans une grande casserole d'eau bouillante salée, cuire les petits chaussons de 3 à 4 min, jusqu'à cuisson *al dente*. Égoutter, transvider dans un bol de service chaud et mélanger avec le beurre fondu. Ajouter le parmigiano reggiano restant. À l'aide d'une mandoline, couper de fines lamelles de truffe blanche et en couvrir les pâtes. Servir immédiatement. **4 portions**

Linguine aux quatre fromages

Linguine ai Quattro Formaggi

Vous pouvez remplacer les fromages proposés dans cette recette par d'autres dont la texture n'est pas trop dure. N'hésitez pas à utiliser des pâtes en forme de petits tubes au lieu des linguine. Elles s'imprégneront merveilleusement de sauce, à l'intérieur comme à l'extérieur.

• Dans une casserole, mélanger la crème, le fontina, le gorgonzola et la mozzarella. Chauffer lentement sur feu doux, sans cesser de remuer, jusqu'à ce que les fromages soient fondus. Ajouter le thym, saler et poivrer. Garder au chaud.

• Dans une grande casserole d'eau bouillante salée, cuire les pâtes en suivant les indications inscrites sur l'emballage, jusqu'à cuisson *al dente*. Égoutter, transvider dans un grand plat chaud. Napper avec la sauce au fromage, couvrir de parmigiano reggiano et servir immédiatement. **4 portions**

- 125 ml (½ tasse) de crème fraîche
- 60 g (2 oz) de fontina, râpé
- 60 g (2 oz) gorgonzola, émietté
- 60 g (2 oz) de mozzarella, râpée
- ½ c. à café (½ c. à thé) de thym frais, émincé
- Sel de mer et poivre noir fraîchement moulu
- 480 g (1 lb) de linguine
- 30 g (¼ tasse) de parmigiano reggiano, fraîchement râpé

Tagliatelle à la sauce à la viande

Tagliatelle alla Bolognese

Les tagliatelle sont des rubans de 9 mm (³/₈ po) environ, mais d'autres pâtes fraîches de votre choix auront aussi le pouvoir de vous transporter directement à Bologne grâce à cette sauce traditionnelle. Vous pouvez aussi opter pour 480 g (1 lb) de pâtes sèches. Si vous préférez, hachez le veau et le porc au lieu de les émincer.

• Dans une grande casserole, chauffer l'huile sur feu moyen-élevé. Ajouter la pancetta, les oignons, le céleri et les carottes. Faire sauter de 4 à 5 min ou jusqu'à ce qu'ils soient dorés.

• Ajouter les viandes émincées et cuire jusqu'à ce qu'elles brunissent. Ajouter le bouillon et les tomates. Laisser mijoter de 35 à 40 min ou jusqu'à épaississement, en remuant souvent. Incorporer la crème et bien réchauffer. Assaisonner au goût avec le sel, le poivre et la muscade.

• Dans une grande casserole d'eau bouillante salée, cuire les pâtes 2 ou 3 min, jusqu'à cuisson *al dente*. Égoutter, transvider dans un bol de service chaud et napper de sauce. Servir immédiatement. **6 portions**

- 60 ml (¼ tasse) d'huile d'olive extravierge
- 120 g (4 oz) de pancetta, émincée très finement
- 1 oignon, émincé
- 1 tige de céleri, émincée
- 1 carotte, émincée
- 240 g (8 oz) de veau, émincé très finement
- 120 g (4 oz) de porc, émincé très finement
- 250 ml (1 tasse) de bouillon de veau (p. 108)
- 1 boîte de 360 g (12 oz) de tomates entières, pelées
- 60 ml (¼ tasse) de crème fraîche
- Sel de mer et poivre noir fraîchement moulu
- Muscade fraîchement moulue
- Pâte fraîche (p. 31), roulée et coupée en tagliatelle

Tagliolini au foie de poulet

Tagliolini con Ragù di Fegatini

- 3 c. à soupe de beurre non salé
- 60 g (¼ tasse) d'oignons, émincés
- 240 g (8 oz) de foies de poulet, nettoyés et grossièrement hachés
- 500 ml (2 tasses) de bouillon de poulet (p. 108), chaud
- Sel de mer et poivre noir fraîchement moulu
- Pâte fraîche (p. 31), roulée et coupée en tagliolini
- 2 c. à soupe de persil plat frais, émincé

Le mot tagliolini signifie «coupé finement». Ces nouilles doivent avoir environ 3 mm (⅛ po) de largeur. On peut préparer ce plat avec des pâtes fraîches ou sèches.

• Dans un plat à sauter, chauffer le beurre sur feu moyen. Ajouter les oignons et les foies de poulet et cuire 3 ou 4 min, jusqu'à ce que les oignons soient ramollis et que les foies soient fermes. Ajouter le bouillon et cuire de 6 à 8 min de plus, jusqu'à ce que les foies soient tendres et que la sauce épaississe légèrement. Saler et poivrer au goût.

• Dans une grande casserole d'eau bouillante salée, cuire les pâtes 2 ou 3 min, jusqu'à cuisson *al dente*. Égoutter, transvider dans un bol de service chaud et mélanger avec la sauce. Garnir de persil et servir immédiatement. **6 portions**

Tagliolini au fromage fontina

Tajarin con la Fonduta

- 360 g (12 oz) de fontina, grossièrement râpé
- 250 ml (1 tasse) de lait, chaud
- 60 g (¼ tasse) de beurre non salé
- 3 jaunes d'œufs, légèrement battus
- Sel de mer et poivre noir fraîchement moulu
- Pâte fraîche (p. 31), roulée et coupée très finement à l'horizontale

• Dans un bol, mélanger le fromage et le lait. Laisser reposer 30 min.

• Dans une casserole à fond épais (ou au bain-marie), fondre le beurre sur feu doux. Ajouter le mélange lait-fromage en remuant à l'aide d'un fouet, jusqu'à ce que le fromage soit fondu. Transvider dans le mélangeur et ajouter lentement les jaunes d'œufs. Saler, poivrer et remettre dans la casserole. Garder au chaud sur feu très doux en remuant de temps à autre.

• Dans une grande casserole d'eau bouillante salée, cuire les pâtes environ 2 min, jusqu'à cuisson *al dente*. Égoutter, transvider dans un bol de service chaud et mélanger avec la sauce. Servir immédiatement. **4 portions**

Raviolo de porc à la mostarda
Raviolo di Maiale con Mostarda

INGRÉDIENTS

FARCE

- 3 c. à soupe d'huile d'olive extravierge
- 240 g (1 tasse) d'oignons rouges, en dés
- 360 g (12 oz) de longe de porc, désossée et coupée en cubes de 12 mm (½ po)
- 1 c. à café (1 c. à thé) de zeste d'orange, fraîchement râpé + 6 lanières
- 60 ml (¼ tasse) de vinaigre balsamique de bonne qualité
- 1 pomme de terre, coupée en cubes de 12 mm (½ po) cuits jusqu'à tendreté
- 3 c. à soupe d'eau
- Sel de mer et poivre noir fraîchement moulu

- Pâte fraîche (p. 31), roulée et coupée en carrés de 13 cm (5 po) avec un emporte-pièce cannelé
- 1 œuf, battu avec 1 c. à café (1 c. à thé) d'eau
- 6 c. à soupe de mostarda

PRÉPARATION

Ces ravioli géants composent une excellente entrée si on les sert sans accompagnement. La mostarda est un mélange de fruits confits conservés dans un liquide à base de sucre et d'huile parfumée à la moutarde. Vous pouvez vous procurer la mostarda dans des pots joliment décorés vendus dans certaines épiceries fines spécialisées dans les produits d'importation italienne.

• Pour préparer la farce : sur feu moyen, chauffer l'huile d'olive dans un plat à sauter moyen. Ajouter les oignons et cuire jusqu'à ce qu'ils soient tendres sans les faire brunir. Ajouter la viande et le zeste d'orange et cuire de 6 à 8 min de plus pour faire brunir. Déglacer avec le vinaigre balsamique en remuant pour détacher les particules qui sont collées au fond du plat. Ajouter les pommes de terre et l'eau et cuire de 3 à 4 min pour faire réduire. Saler, poivrer et retirer du feu.

• Pour assembler les ravioli : mettre 2 c. à soupe combles de farce refroidie sur 6 carrés de pâte. Badigeonner les bords avec l'œuf battu et couvrir avec un autre carré de pâte. Bien presser les bords pour sceller.

• Dans une grande casserole d'eau bouillante salée, cuire les ravioli de 3 à 4 min, jusqu'à cuisson *al dente*. Égoutter et servir sur des assiettes individuelles. Avec un couteau bien affûté, faire une fente pour exposer la farce. Couvrir avec 1 c. à soupe de mostarda, garnir avec une lamelle de zeste et servir immédiatement. **6 portions**

Garganelli aux asperges

Garganelli agli Asparagi

Au printemps, on prépare ce mets avec des asperges sauvages. Utilisez des pâtes sèches pour cette recette. Pour faire des garganelli frais, suivez les indications de la p. 32

• Dans un grand poêlon, fondre le beurre sur feu doux. Ajouter les asperges et remuer. Saler, poivrer et réserver.

• Dans une grande casserole d'eau bouillante salée, cuire les pâtes en suivant les indications inscrites sur l'emballage, jusqu'à cuisson *al dente*. Égoutter puis mélanger avec les asperges et le parmigiano reggiano. Transvider dans un bol de service chaud et servir immédiatement. **6 portions**

- 120 g (½ tasse) de beurre
- 480 g (1 lb) d'asperges, blanchies et coupées en morceaux de 3 po (8 cm)
- ½ c. à café (½ c. à thé) de sel
- 1 c. à café (1 c. à thé) de poivre noir fraîchement moulu
- 480 g (1 lb) de garganelli
- 60 g (½ tasse) de parmigiano reggiano, fraîchement râpé

Gramigna à la sauce au beurre et à la sauge

Gramigna con Burro Fuso

Le mot gramigna signifie «mauvaise herbe» à cause de l'allure étonnante de ces pâtes. Quand elles sèchent, elles se recourbent légèrement, ce qui leur donne cette apparence. On peut les remplacer par des spaghetti ou des bucatini. Coupez les nouilles en morceaux de 8 cm (3 po) avant de les faire cuire.

PRÉPARATION

• Couper les pâtes en cordons de 8 cm (3 po) de longueur et les faire sécher 30 min sur une surface légèrement farinée.

• Fondre le beurre dans une casserole. Ajouter les feuilles de sauge et laisser mijoter 5 min. Retirer du feu et garder au chaud.

• Dans une grande casserole d'eau bouillante salée, cuire les pâtes 2 ou 3 min, jusqu'à cuisson *al dente*. Égoutter, transvider dans un bol de service chaud, napper de sauce et couvrir de fromage. Servir immédiatement. **6 portions**

INGRÉDIENTS

- Pâte fraîche (p. 31), roulée et coupée en cordons de la grosseur d'un spaghetti
- 60 g (¼ tasse) de beurre non salé
- 24 petites feuilles de sauge fraîche
- 90 g (¾ tasse) de parmigiano reggiano, fraîchement râpé

Penne rigati au gorgonzola

Penne Rigati al Gorgonzola

- 480 g (1 lb) de penne rigati ou d'autres pâtes en forme de petits tubes
- Huile d'olive pour mélanger les pâtes
- 2 gousses d'ail, émincées
- 1 échalote, émincée
- 250 ml (1 tasse) de vin blanc sec
- 500 ml (2 tasses) de crème fraîche
- 120 g (4 oz) de gorgonzola dolce latte, émietté
- 1 c. à soupe de thym frais, émincé
- Sel de mer et poivre blanc fraîchement moulu

PRÉPARATION

Servez ces pâtes avec des médaillons d'agneau sautés. Le gorgonzola dolce latte est plus doux et plus sucré que celui de Lombardie, à pâte persillée, que l'on connaît mieux. Si vous n'en trouvez pas, remplacez-le par du fromage de chèvre.

• Dans une grande casserole d'eau bouillante salée, cuire les pâtes en suivant les indications inscrites sur l'emballage, jusqu'à cuisson *al dente.* Égoutter en réservant 250 ml (1 tasse) de l'eau de cuisson. Mélanger avec les pâtes avec un peu d'huile d'olive et garder au chaud.

• Dans un plat à sauter, mélanger l'ail, les échalotes et le vin. Réduire jusqu'à l'obtention d'une glace épaisse. Ajouter la crème et réduire légèrement. Réduire la chaleur pour laisser mijoter, ajouter le gorgonzola et remuer jusqu'à ce qu'il soit fondu. Ajouter le thym, le sel et le poivre. Mélanger avec les pâtes et ajouter un peu d'eau de cuisson au besoin. Servir immédiatement. **4 portions**

Farfalle aux petits pois et au prosciutto

PRÉPARATION

Farfalle con Piselli e Prosciutto

- 4 c. à soupe de beurre non salé
- 1 petite ciboule, en tranches
- 250 ml (1 tasse) de crème fraîche
- 400 g (2 tasses) de petits pois, écossés
- Sel de mer et poivre blanc fraîchement moulu
- 480 g (1 lb) de farfalle ou de pâtes au choix
- 120 g (4 oz) de prosciutto de Parme, en fines lamelles
- Parmigiano reggiano, fraîchement râpé

Les farfalle, qui ont la forme d'un papillon, sont populaires du Nord au Sud du pays. Je les prépare ici avec des petits pois, de la crème et du prosciutto de Parme, ce jambon cru salé de l'Émilie-Romagne. Voici un plat typique du Nord de l'Italie.

• Dans un plat à sauter, fondre le beurre sur feu moyen. Ajouter les oignons et faire sauter jusqu'à ce qu'ils soient tendres, sans les faire brunir. Ajouter la crème et bien réchauffer. Incorporer les petits pois et laisser mijoter de 3 à 5 min, jusqu'à ce que les petits pois soient tendres. Saler, poivrer et garder au chaud.

• Dans une grande casserole d'eau bouillante salée, cuire les pâtes en suivant les indications inscrites sur l'emballage, jusqu'à cuisson *al dente*. Égoutter et mélanger avec la sauce. Transvider dans un bol de service chaud, garnir avec le prosciutto et servir avec le parmigiano reggiano à côté. **4 portions**

Tortellini au beurre et au fromage

Tortellini con Burro e Formaggio

- 60 g (2 oz) de prosciutto de Parme
- 120 g (4 oz) de veau haché
- 120 g (1 tasse) de parmigiano reggiano, fraîchement râpé
- Pâte fraîche (p. 31), roulée en feuilles
- 1 œuf, battu avec 1 c. à café (1 c. à thé) d'eau
- 120 g (½ tasse) de beurre non salé, fondu

Plusieurs légendes tentent de retracer les origines de ces pâtes très populaires. L'histoire que je préfère raconte que les tortellini ont été inventés par un chef qui se serait senti inspiré après avoir épié à travers le trou d'une serrure une belle dame qui prenait son bain. Le nombril de la belle lui aurait donné l'idée de créer des pâtes raffinées de forme ombilicale...

• Hacher finement le prosciutto dans le mélangeur. Incorporer le veau haché et 60 g (½ tasse) de parmigiano reggiano à la main. Verser dans une poche à douille et réserver.

• Couper la pâte en rondelles de 5 cm (2 po). À l'aide de la poche à douille, mettre environ ½ c. à café (½ c. à thé) de farce au centre de chacune. Badigeonner les bords avec l'œuf battu, replier chaque rondelle en deux en lui donnant la forme d'une demi-lune. Enrouler une demi-lune autour de son doigt en ramenant les coins ensemble de manière qu'ils se superposent. Pincer fermement pour sceller en forme de cercle. Ramener les bords sur le tortellini (voir photo). Réserver sur une surface farinée. Faire la même chose avec les autres demi-lunes.

• Dans une grande casserole d'eau bouillante salée, cuire les tortellini de 3 à 5 min, jusqu'à cuisson *al dente*. Égoutter et mélanger avec le beurre fondu et le parmigiano reggiano restant. Transvider dans un grand plat de service chaud et servir immédiatement. **6 portions**

Spaghetti de blé entier aux anchois et au radicchio

Bigoli in Salsa

PRÉPARATION

INGRÉDIENTS

Si vous possédez un bìgolaro, un instrument simple d'origine vénitienne pour faire les pâtes, faites de la pâte fraîche avec 300 g (2 tasses) de farine de blé entier, 2 œufs et une pincée de sel en suivant les indications de la p. 31. Sinon, roulez la pâte et coupez-la en spaghetti selon la méthode habituelle. Cette recette est aussi délicieuse avec des spaghetti de blé entier séchés.

• Dans une casserole, chauffer l'huile sur feu moyen. Ajouter les oignons et les anchois (réserver 6 petits morceaux pour la garniture), couvrir et laisser mijoter 10 min. Déglacer avec le vin en remuant pour détacher les particules qui sont collées au fond de la casserole. Laisser mijoter 20 min de plus, jusqu'à ce que les anchois se défassent et que la sauce soit crémeuse. Poivrer.

• Dans une grande casserole d'eau bouillante salée, cuire les pâtes en suivant les indications inscrites sur l'emballage, jusqu'à cuisson *al dente*. Égoutter, transvider dans un bol de service chaud et mélanger avec la sauce. Garnir avec le persil et les anchois réservés. Servir immédiatement. **6 portions**

- 60 ml (¼ tasse) d'huile d'olive extravierge
- 60 g (¼ tasse) d'oignons, émincés
- 240 g (8 oz) de filets d'anchois conservés dans l'huile
- 250 ml (1 tasse) de vin blanc sec
- Poivre fraîchement moulu
- 480 g (1 lb) de bigoli
- 7 g (¼ tasse) de persil plat frais, émincé (garniture)

Pâtes de sarrasin aux légumes

Pizzoccheri della Valtellina

INGRÉDIENTS

- 360 g (2 tasses) de farine de sarrasin fine
- 180 g (1 tasse) de farine tout usage non blanchie
- 1 œuf
- 160 ml (²/₃ tasse) de lait
- 2 pommes de terre, pelées et coupées en tranches de 6 mm (¹/₄ po) d'épaisseur
- 1 tête de chou de Savoie, en julienne
- 120 g (4 oz) de fromage taleggio, en tranches
- Sel de mer et poivre noir fraîchement moulu
- 3 c. à soupe de beurre non salé
- 6 feuilles de sauge

PRÉPARATION

Cette recette est originaire de la vallée de Teglio, dans le Nord de l'Italie, près des Alpes. Les pâtes de sarrasin renferment de nombreuses qualités nutritives qui soutiennent bien les gens qui vivent en montagne ainsi que les nombreux skieurs qui visitent cette région au cours de l'hiver.

• Mélanger les farines dans un grand bol. Ajouter l'œuf et le lait. Bien remuer et renverser la pâte sur une surface farinée. Pétrir jusqu'à ce qu'elle devienne difficile à mélanger davantage. À l'aide d'un rouleau à pâte ou d'une machine à faire les pâtes, rouler la pâte en fines feuilles (voir méthode p. 32). Couper des nouilles de 12 mm x 5 cm (¹/₂ x 2 po). Réserver sur un linge propre légèrement fariné pour les laisser sécher jusqu'au moment de la faire cuire.

• Dans une grande casserole d'eau bouillante salée, cuire les pommes de terre et le chou de 8 à 10 min, jusqu'à ce que les pommes de terre soient tendres mais encore fermes. Retirer les légumes avec une écumoire et réserver. Remettre l'eau à ébullition et ajouter les pâtes. Cuire 2 ou 3 min, jusqu'à cuisson *al dente*. Égoutter.

• Préchauffer le four à 200 ºC (400 ºF). Dans une casserole légèrement beurrée, faire des couches de nouilles, de légumes et de fromage. Saler et poivrer. Mettre au four 10 min pour faire fondre le fromage.

• Pendant ce temps, dans un plat à sauter, chauffer le beurre sur feu moyen jusqu'à ce qu'il soit mousseux. Ajouter les feuilles de sauge et sauter jusqu'à ce qu'elles ramollissent. Verser dans la casserole et servir immédiatement. **6 portions**

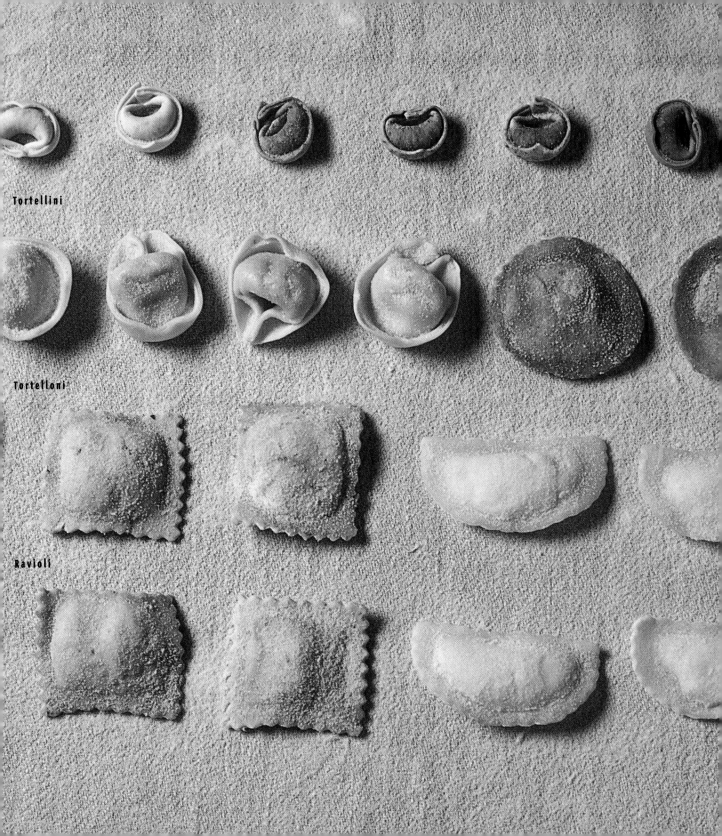

Tortellini

Tortelloni

Ravioli

L'ITALIE CENTRALE

La vie est un heureux mélange

de magie et de pâtes.

Federico Fellini

Pâtes au pesto

Trofie al Pesto

Les trofie sont populaires le long de la côte ligurienne où on les aime avec le pesto. Pour les faire à la main, pétrissez ensemble 360 g (2 tasses) de farine tout usage, ½ c. à café (½ c. à thé) de sel de mer et 175 à 250 ml (¾ à 1 tasse) d'eau bouillante jusqu'à consistance onctueuse. Façonnez ensuite des morceaux de la grosseur d'une pièce de monnaie et roulez-les sous votre paume jusqu'à ce qu'ils aient 2,5 cm (1 po) de longueur.

• Pour préparer le pesto : pendant que le moteur du robot de cuisine tourne, y jeter l'ail. Ajouter le basilic et les pignons et laisser tourner le moteur jusqu'à consistance granuleuse. Pendant que le moteur tourne toujours, verser lentement l'huile d'olive jusqu'à l'obtention de la consistance voulue. Incorporer le fromage à la main. Réserver.

• Dans une grande casserole d'eau bouillante salée, cuire les pâtes en suivant les indications inscrites sur l'emballage, jusqu'à cuisson *al dente*. Ajouter les pommes de terre et les haricots verts au cours de la dernière minute de cuisson pour les réchauffer. Égoutter en réservant 250 ml (1 tasse) de l'eau de cuisson.

• Mélanger les pâtes avec le pesto et ajouter de l'eau de cuisson réservée jusqu'à consistance voulue. Transvider dans un bol de service chaud et servir immédiatement. **6 portions**

INGRÉDIENTS

SAUCE AU PESTO
- 3 gousses d'ail, pelées
- 1 botte de basilic frais, équeuté
- 30 g (¼ tasse) de pignons, grillés (p. 109)
- 125 ml (½ tasse) d'huile d'olive extravierge
- 30 g (¼ tasse) de parmigiano reggiano, fraîchement râpé

- 480 g (1 lb) de trofie frais ou séchés ou de pâtes au choix
- 2 pommes de terre moyennes, pelées, coupées en tranches de 12 mm (½ po) d'épaisseur et blanchies 4 min (p. 109)
- 240 g (8 oz) de haricots verts, coupés en morceaux de 8 cm (3 po) et blanchis 4 min (p. 109)

PÂTES BLANCHES

- 225 g (1 ¼ tasse) de farine tout usage non blanchie
- 1 œuf, battu avec 1 c. à soupe d'eau

PÂTES ORANGE

- 225 g (1 ¼ tasse) de farine tout usage non blanchie
- 1 œuf, battu avec 2 c. à soupe de purée de tomate

SAUCE

- 120 g (½ tasse) de beurre non salé, fondu
- 60 g (½ tasse) de parmigiano reggiano, fraîchement râpé
- 6 g (¼ tasse) de basilic frais, en julienne
- 30 g (¼ tasse) de pignons, grillés (p. 109)

Corzetti de Ligurie
Corzetti di Liguria

Les corzetti sont des petits cercles de pâte sur lesquels on s'amuse à faire des marques. Le dessin peut être symbolique, géométrique, iconique ou reproduire des initiales. Le petit creux ainsi créé permet à la sauce de bien adhérer aux pâtes. Pour obtenir un plat original, prenez le temps de faire deux ou trois pâtes de couleurs différentes (voir p. 31), mais ce mets sera quand même excellent si vous faites des corzetti d'une seule couleur.

• Pour faire les corzetti : faire séparément les pâtes de différentes couleurs. Mettre la farine dans un grand bol. Ajouter l'œuf battu avec l'eau (ou avec la purée de tomate si on fait des corzetti orange) et remuer pour bien humecter la farine. Sur une surface légèrement farinée, pétrir la pâte pour obtenir une boule légère et facile à manier. Mettre la boule dans un sac de plastique et laisser reposer 15 min.

• Rouler la pâte en suivant les indications de la p. 32. Laisser la pâte sécher sur une surface légèrement farinée pendant que l'on roule le morceau de pâte suivant.

• Avec un emporte-pièce rond de 8 cm (3 po), couper la pâte en cercles. Marquer les corzetti avec un dessin de son choix ou faire des hachures avec les dents d'une fourchette.

• Dans une grande casserole d'eau bouillante salée, cuire les corzetti environ 2 min, jusqu'à cuisson *al dente*. Égoutter et mélanger doucement avec le beurre, le parmigiano reggiano, le basilic et les pignons. Transvider dans un plat de service chaud et servir immédiatement. **6 portions**

Gnocchi aux tomates séchées au four

Gnocchi con Pomodori

On aime les gnocchi partout en Italie. Les recettes varient d'une région à l'autre et celle-ci figure parmi les plus connues. La sauce au pesto (p. 58) convient parfaitement à ce mets.

• Préchauffer le four à 220 °C (425 °F).

• Pendant que les pommes de terre sont encore chaudes, les passer dans un presse-riz ou un moulin. Transvider dans un grand bol et laisser refroidir. Ajouter la farine et les œufs et bien remuer. Renverser sur une surface bien farinée et pétrir jusqu'à consistance douce et onctueuse. Diviser en 8 morceaux et rouler chacun en long cordon de 12 mm (1/2 po) de diamètre. Couper en morceaux de 2,5 cm (1 po) de longueur. Presser avec les dents d'une fourchette ou rouler doucement contre une râpe à muscade pour décorer l'extérieur. Réserver sur une surface farinée jusqu'au moment de les faire cuire.

• Mélanger les quartiers de tomate avec l'huile d'olive. Saler et poivrer. Étendre sur une seule couche dans un plat de cuisson. Griller au four environ 15 min, jusqu'à ce que la pelure brunisse légèrement.

• Dans une grande casserole d'eau bouillante salée, cuire les gnocchi de 6 à 8 min, jusqu'à ce qu'ils remontent à la surface. Égoutter et garder dans un bol de service chaud. Mélanger avec les tomates grillées et la mozzarella. Garnir avec le basilic et servir immédiatement.

6 portions

PRÉPARATION

- 2 grosses pommes de terre pour cuisson au four (840 g/1 3/4 lb), pelées et bouillies jusqu'à tendreté
- 300 g (1 2/3 tasse) de farine tout usage non blanchie
- 2 œufs
- 6 grosses tomates mûres, évidées et coupées en quartiers
- 60 ml (1/4 tasse) d'huile d'olive extravierge
- Sel de mer et poivre noir fraîchement moulu
- 240 g (8 oz) de mozzarella fraîche, coupée en cubes de 6 mm (1/4 po)
- 6 g (1/4 tasse) de basilic frais, en julienne (garniture)

Trenette à la sauce aux noix

Trenette col Tocco du Noxe

La longue côte ligurienne rend le transport facile du Sud au Nord de l'Italie. Cette recette figure parmi les plus traditionnelles du pays. La région a un microclimat particulier qui permet de cultiver des légumes et des fines herbes tôt en saison. Tocco du noxe signifie «touche de noix» dans le dialecte local, ce qui décrit avec justesse ce pesto crémeux.

PRÉPARATION

• Pendant que le moteur du robot de cuisine tourne, y jeter l'ail pour l'émincer. Ajouter les noix (réserver 2 c. à soupe pour la garniture), l'huile d'olive et le pain trempé dans le lait. Mélanger jusqu'à consistance onctueuse. Incorporer le parmigiano reggiano à la main. Saler et poivrer.

• Dans une grande casserole d'eau bouillante salée, cuire les pâtes 2 ou 3 min, jusqu'à cuisson *al dente*. Égoutter en réservant 250 ml (1 tasse) de l'eau de cuisson. Mélanger les pâtes avec le pesto et ajouter de l'eau de cuisson pour obtenir la consistance voulue. Transvider dans un bol de service chaud, décorer avec les noix restantes et le persil. Servir immédiatement. **6 portions**

INGRÉDIENTS

- 2 gousses d'ail
- 30 g (¼ tasse) de noix, grillées (p. 109)
- 80 ml (⅓ tasse) d'huile d'olive extravierge
- 1 tranche de pain de campagne, trempée dans 80 ml (⅓ tasse) de lait
- 30 g (¼ tasse) de parmigiano reggiano, fraîchement râpé
- Sel de mer et poivre blanc fraîchement moulu
- Pâte fraîche (p. 31), roulée et coupée en nouilles de 1,5 mm (¹/₁₆ po)
- Feuilles de persil plat frais (garniture)

Spaghetti au porc et aux truffes noires

Spaghetti alla Norcina con Tartufo Nero

INGRÉDIENTS

- 3 c. à soupe d'huile d'olive extravierge
- 120 g (½ tasse) d'oignons, en dés
- 360 g (12 oz) de longe de porc, désossée et coupée en cubes de 12 mm (½ po)
- 60 ml (¼ tasse) de vin rouge
- 750 ml (3 tasses) de bouillon de veau (p. 108)
- 1 truffe fraîche, en tranches minces comme du papier
- Sel de mer et poivre noir fraîchement moulu
- 480 g (1 lb) de spaghetti

PRÉPARATION

Une recette remarquable avec ou sans truffe fraîche. Si vous tenez au goût de la truffe, utilisez des lamelles congelées (probablement le meilleur choix) ou des truffes conservées dans l'eau salée vendues en pots. On peut aussi trouver des huiles, des crèmes et des poudres à base de truffe. Choisissez le produit qui convient le mieux à votre goût.

• Sur feu moyen, chauffer l'huile d'olive dans un plat à sauter moyen. Ajouter les oignons et cuire jusqu'à ce qu'ils soient tendres, sans faire brunir. Ajouter le porc et cuire de 6 à 8 min de plus, jusqu'à ce que la viande brunisse. Déglacer avec le vin en remuant pour détacher les particules qui sont collées au fond du plat. Cuire pour réduire de moitié. Ajouter le bouillon de veau et laisser mijoter de 20 à 30 min, jusqu'à ce que le porc soit très tendre. Ajouter la truffe. Saler, poivrer et garder au chaud.

• Dans une grande casserole d'eau bouillante salée, cuire les pâtes en suivant les indications inscrites sur l'emballage, jusqu'à cuisson *al dente*. Égoutter et mélanger avec la sauce. Transvider dans un bol de service chaud et servir immédiatement. **6 portions**

Ravioli aux pommes de terre du Mugello

Ravioli Patate de Mugello

- 60 ml (¼ tasse) d'huile d'olive extravierge
- ½ tige de céleri, émincée très finement
- 2 c. à soupe de carottes, émincées très finement
- 2 c. à soupe d'oignons, émincés très finement
- 125 ml (½ tasse) de vin blanc sec
- 500 ml (2 tasses) de bouillon de poulet (p. 108)
- 200 g (1 tasse) de pommes de terre, en dés (environ ½ grosse pomme de terre)
- 30 g (¼ tasse) de parmigiano reggiano, fraîchement râpé
- 2 œufs
- 1 œuf battu avec 1 c. à café (1 c. à thé) d'eau
- Sel de mer et poivre noir fraîchement moulu
- Pâte fraîche (p. 31), roulée en feuilles

J'ai dégusté ces pâtes raffinées et soyeuses pour la première fois dans la maison d'Anna Magnani, propriétaire de la Casa di Caccia, un pavillon de chasse situé dans la vallée du Mugello, au nord-est de Florence. Servez-les avec une sauce simple au beurre et à la sauge ou une sauce à la viande.

• Dans un plat à sauter, chauffer l'huile d'olive sur feu moyen. Faire sauter le céleri, les carottes et les oignons de 5 à 6 min, jusqu'à ce qu'ils soient dorés. Déglacer le plat avec le vin rouge en remuant pour détacher les particules qui sont collées au fond. Réduire sur feu élevé de 3 à 4 min, jusqu'à épaississement. Ajouter le bouillon et amener à ébullition. Ajouter les pommes de terre et cuire sur feu moyen de 20 à 25 min, jusqu'à ce que les légumes soient très tendres et que la sauce épaississe. Passer le mélange dans un presse-riz ou un moulin.

• Quand le mélange est refroidi, incorporer le parmigiano reggiano et 2 œufs. Saler et poivrer.

• Étendre une feuille de pâte sur une surface légèrement farinée. Mettre ½ c. à café (½ c. à thé) de farce à tous les 8 cm (3 po) le long d'un des côtés de la feuille de pâte. Badigeonner légèrement l'autre côté de la feuille de pâte avec l'œuf battu. Replier la feuille en deux sur la longueur et presser les bords avec les doigts pour bien sceller. Couper autour de chaque monceau de farce avec une roulette de pâtissier en formant une demi-lune. Réserver les ravioli sur un linge propre légèrement fariné jusqu'au moment de les faire cuire.

• Dans une grande casserole d'eau bouillante salée, cuire les pâtes environ 2 min, jusqu'à cuisson *al dente*. Servir avec une sauce au choix. **6 portions ou environ 6 douzaines de ravioli**

Cheveux d'ange aux palourdes

Capellini Vongole

« Napoléon a beaucoup de chance », écrivait l'auteur britannique Dylan Thomas à ses amis en 1947. C'est sur l'île d'Elbe que Napoléon a été exilé au début du XIXᵉ siècle. Pour vous y rendre, prenez le traversier en Toscane et profitez du voyage ne serait-ce que pour apprécier les divins fruits de mer qu'on y pêche chaque jour.

• Brosser les palourdes et bien les rincer pour les débarrasser de toute saleté et trace de sable. Les mettre dans une grande marmite avec le vin, l'eau et le brin de romarin. Couvrir et cuire à la vapeur environ 15 min, jusqu'à ce qu'elles s'ouvrent. Jeter toutes celles qui ne sont pas ouvertes. Retirer de l'eau avec une écumoire et laisser refroidir. Filtrer le bouillon et le remettre dans la marmite.

• Amener le bouillon à ébullition, ajouter l'ail, les oignons, les carottes, le céleri et les tomates. Réduire le feu à chaleur moyenne, réduire le bouillon et cuire les légumes environ 10 min, jusqu'à ce qu'ils soient tendres. Ajouter le thym, le persil, le romarin haché, le sel et le poivre. Juste avant de servir, remettre les palourdes dans la sauce. Réchauffer sans laisser cuire.

• Dans une grande casserole d'eau bouillante salée, cuire les pâtes en suivant les indications inscrites sur l'emballage, jusqu'à cuisson *al dente*. Égoutter et transvider dans un grand plat chaud. Verser les palourdes et la sauce sur les pâtes à l'aide d'une louche et servir immédiatement. **6 portions**

- 24 palourdes fraîches
- 125 ml (½ tasse) de vin blanc sec
- 125 ml (½ tasse) d'eau
- Brin de romarin frais + 1 c. à café (1 c. à thé) de romarin, émincé
- 8 gousses d'ail
- 1 petit oignon, en dés
- 1 grosse carotte, pelée et coupée en dés
- 1 tige de céleri, en dés
- 2 tomates mûres, pelées (p. 109) et épépinées
- 1 c. à soupe de thym frais, émincé
- 2 c. à soupe de persil frais, émincé
- Sel de mer et poivre noir fraîchement moulu
- 480 g (1 lb) de cheveux d'ange (capellini)

Pâtes à l'ail et aux tomates

Pici all'Aglione

INGRÉDIENTS

- 720 g (4 tasses) de farine tout usage non blanchie
- 300 ml (1 ¼ tasse) d'eau
- 3 c. à soupe d'huile d'olive extravierge
- Pincée de sel
- 6 grosses tomates très mûres, pelées (p. 109), épépinées et grossièrement hachées
- 1 petite tête d'ail vert (environ 6 gousses pas encore mûres), en tranches
- 1 ou 2 peperoncini (chili rouges séchés)
- 7 g (¼ tasse) de persil plat frais, finement haché
- Sel de mer et poivre noir fraîchement moulu

PRÉPARATION

J'ai appris comment confectionner des pici à la main avec Massimiliano Mariotti, chef au restaurant Al Casale. On ne trouve ces pâtes que dans une petite région du sud de la Toscane. Même si certains fabricants vendent des pâtes sèches appelées pici, les véritables pici sont toujours frais. Les pici séchés portent le nom de spaghettone ou spaghetti gras. L'aglione est une variété d'ail sauvage, semblable à l'ail vert qui n'est pas encore mûr. Vous pouvez le remplacer par de l'ail parvenu à maturité, mais ne mettez alors que la moitié de la quantité requise.

• Sur une planche en bois, faire une fontaine dans la farine. Mettre au centre l'eau, 1 c. à soupe d'olive et le sel. Avec les mains, travailler la farine avec le liquide jusqu'à consistance homogène et onctueuse. Couper la pâte en petits morceaux et les rouler avec la paume pour faire de longs cordons bien ronds. Cette technique s'appelle *piciare*. Les *pici* les plus fins sont les meilleurs.

• Dans une grande casserole, mélanger les tomates, l'ail, l'huile restante, les peperoncini et le persil. Laisser mijoter de 30 à 35 min sur feu moyen, en remuant de temps à autre, jusqu'à ce que l'ail soit très tendre (l'ail mûr prendra plus de temps). Saler et poivrer. Garder au chaud.

• Dans une grande casserole d'eau bouillante salée, cuire les pâtes de 6 à 8 min, jusqu'à cuisson *al dente*. Mélanger les pâtes avec la sauce, transvider dans un bol de service chaud et servir immédiatement.

6 portions

Pappardelle au sanglier

Pappardelle con Ragù di Cinghiale

En automne, la Toscane est le pays du sanglier. Ce mets convient merveilleusement à la saison froide. Si vous ne trouvez pas de sanglier, vous pouvez utiliser du porc.

• Dans un plat à sauter, chauffer l'huile d'olive sur feu moyen. Faire sauter les légumes de 5 à 6 min, jusqu'à ce qu'ils soient dorés. Ajouter la viande hachée et cuire de 3 à 4 min environ, jusqu'à ce qu'elle brunisse. Ajouter le vin rouge et cuire jusqu'à épaississement.

• Ajouter les tomates, les baies de genièvre et le romarin. Laisser mijoter à découvert sur feu doux de 35 à 40 min, en remuant de temps à autre, jusqu'à ce que la viande soit tendre et que la sauce épaississe. Saler et poivrer.

• Dans une grande casserole d'eau bouillante salée, cuire les pâtes en suivant les indications inscrites sur l'emballage ou 3 min si on utilise des pâtes fraîches, jusqu'à cuisson *al dente*. Égoutter et mélanger avec l'huile d'olive. Transvider dans un bol de service chaud, napper avec la sauce et servir immédiatement. **8 portions**

INGRÉDIENTS

- 60 ml (¼ tasse) d'huile d'olive extravierge et un peu plus pour mélanger les pâtes
- 1 oignon, émincé très finement
- 1 tige de céleri, émincée très finement
- 2 carottes, pelées et émincées très finement
- 2 gousses d'ail
- 720 g (1 ½ lb) de cuisse de sanglier, désossée et grossièrement hachée
- 500 ml (2 tasses) de vin rouge
- 6 grosses tomates mûres, pelées (p. 109), épépinées et coupées en dés
- 1 c. à soupe de baies de genièvre
- 1 brin de romarin
- Sel de mer et poivre noir fraîchement moulu
- 720 g (1 ½ lb) de pappardelle séchés ou de pâte fraîche (p. 31), roulée et coupée en cordons de 12 mm (½ po)

Penne aux fèves des marais et aux légumes

- 480 g (1 lb) de penne ou de pâtes au choix
- 1 kg (2 lb) de fèves des marais (gourganes), écossées et blanchies 1 min (p. 109)
- 60 ml (¼ tasse) d'huile d'olive et un peu plus pour mélanger les pâtes
- 1 oignon rouge, pelé et coupé en dés
- 1 botte de carottes miniature, pelées, coupées en deux sur la longueur et blanchies 2 min
- Sel de mer et poivre noir fraîchement moulu
- 60 g (½ tasse) de parmigiano reggiano, fraîchement râpé
- 6 fleurs de courgette, nettoyées et blanchies 30 sec

PRÉPARATION

Ne vous sentez pas limité par la liste des ingrédients. Utilisez vos pâtes préférées et les meilleurs légumes de saison qui sont offerts dans votre région.

• Dans une grande casserole d'eau bouillante salée, cuire les pâtes en suivant les indications inscrites sur l'emballage, jusqu'à cuisson *al dente*. Égoutter en réservant 250 ml (1 tasse) de l'eau de cuisson. Mélanger les pâtes avec un peu d'huile d'olive et garder au chaud.

• Écosser les deux tiers des plus grosses fèves en pinçant une extrémité et en pressant la fève pour la faire sortir. Garder environ le tiers des fèves les plus petites dans la pellicule qui les recouvre.

• Dans un grand plat à sauter, chauffer l'huile et faire sauter les oignons de 3 à 4 min ou jusqu'à ce qu'ils soient dorés. Ajouter l'eau de cuisson réservée et amener à ébullition. Réduire de moitié sur feu élevé. Réduire la chaleur et laisser mijoter. Ajouter les carottes et les fèves écossées et non écossées. Chauffer 3 ou 4 min, jusqu'à ce que les légumes soient bien chauds. Saler et poivrer.

• Mélanger les légumes avec les pâtes et transvider dans un bol de service chaud. Incorporer le parmigiano reggiano, garnir avec les fleurs de courgette et servir immédiatement. **6 portions**

Pâtes à la roquette et à la pancetta

Malfatti con Rucola e Pancetta

En automne, on sert ce plat avec du chou noir (cavolo nero), surtout connu en Toscane. La roquette fait tout aussi bien l'affaire quand on souhaite préparer en un clin d'œil un plat estival délicieux.

• Dans une grande casserole d'eau bouillante salée, cuire les morceaux de pâte 3 ou 4 min, jusqu'à cuisson *al dente*. Égoutter et remuer avec l'huile d'olive. Garder au chaud.

• Dans un plat à sauter, sur feu moyen, chauffer 60 ml (¼ tasse) d'huile d'olive. Faire sauter la pancetta et les oignons de 5 à 6 min pour les faire dorer. Ajouter la roquette en remuant pour l'attendrir un peu. Saler, poivrer et mélanger avec les pâtes. Servir immédiatement. **4 portions**

- Environ (4 tasses) de restes de pâte fraîche récupérés après avoir fait des pâtes de différentes formes
- 60 ml (¼ tasse) d'huile d'olive extravierge et un peu plus pour mélanger les pâtes
- 120 g (4 oz) de pancetta, en dés
- 1 oignon moyen, en dés
- 150 g (3 tasses) de roquette
- Sel de mer et poivre noir fraîchement moulu

Pâtes à la ricotta et aux légumes grillés

Farro con Ricotta e Verdure

INGRÉDIENTS

- 1 aubergine, coupée sur la longueur en tranches de 6 mm (¼ po) d'épaisseur
- Sel de mer pour dégorger l'aubergine
- Huile d'olive
- 1 poivron rouge, coupé en deux et évidé
- 1 poivron jaune, coupé en deux et évidé
- 1 oignon rouge, en quartiers
- 2 courgettes, coupées sur la longueur en tranches de 6 mm (¼ po) d'épaisseur
- 240 g (8 oz) de pâtes de farro
- 360 g (12 oz) de ricotta, légèrement battue
- 5 ou 6 petites feuilles de basilic entières, en julienne
- Sel de mer et poivre noir fraîchement moulu

PRÉPARATION

Le farro est une ancienne variété de blé riche en protéines dont le goût est plutôt prononcé. La farine de farro permet de faire des pâtes denses et délicieuses que l'on apprête simplement avec des légumes de saison. Parmi les formes de pâtes de farro que je préfère se trouvent les gemelli, c'est-à-dire jumeaux, fabriqués par Rustichella d'Abruzzo.

- Préchauffer le gril.

- Saupoudrer les tranches d'aubergine de sel sur les deux faces. Laisser reposer 30 min sur une grille métallique. Éponger avec du papier absorbant. Badigeonner légèrement avec de l'huile d'olive.

- Griller les légumes sur les deux faces jusqu'à ce qu'ils brunissent légèrement puis les mettre dans un plat de cuisson. Garder au chaud dans le four.

- Dans une grande marmite d'eau bouillante salée, cuire les pâtes en suivant les indications inscrites sur l'emballage, jusqu'à cuisson *al dente*. Égoutter et mélanger avec la ricotta et le basilic. Saler et poivrer. Servir dans 4 bols. Garnir chaque portion avec des légumes grillés et servir immédiatement. **4 portions**

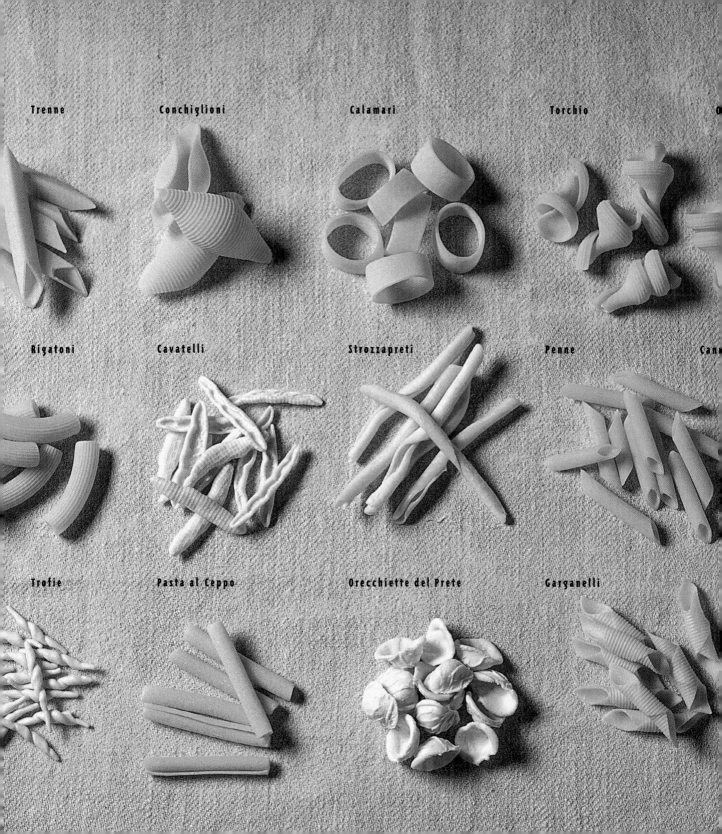

Trenne

Conchiglioni

Calamari

Torchio

Rigatoni

Cavatelli

Strozzapreti

Penne

Trofie

Pasta al Ceppo

Orecchiette del Prete

Garganelli

LE SUD

Si la farine vaut de l'argent,

la semoule de blé dur vaut de l'or.

MUSÉE NATIONAL DES PÂTES, ROME

Trenne au citron

Trenne al Limone

Ces pâtes au goût de citron se marient bien avec les fruits de mer. Les trenne sont des pâtes tubulaires triangulaires sèches. Elles ont été créées par Gianluigi Peduzzi de Rustichella d'Abruzzo. Le mot trenne est un jeu de mots avec les mots penne et triangolo. On trouve aussi une variété de pâtes plus petites appelées trennette. Utilisez vos pâtes tubulaires préférées pour cette recette.

- Préchauffer le gril.

- Dans un grand poêlon, sur feu moyen, chauffer l'huile d'olive et faire sauter les oignons 3 ou 4 min environ, jusqu'à ce qu'ils soient tendres, sans les faire brunir. Ajouter les tranches de citron et cuire 2 ou 3 min environ pour les attendrir. Déglacer le poêlon avec le jus de citron. Réduire la chaleur, ajouter le bouillon de poulet et laisser mijoter. Laisser cuire à découvert 10 min sur feu doux pour faire réduire légèrement.

- Dans une grande marmite d'eau bouillante salée, cuire les pâtes en suivant les indications inscrites sur l'emballage, jusqu'à cuisson *al dente*. Mélanger avec les oignons. Ajouter les câpres, le persil, le sel et le poivre. Garder au chaud.

- Badigeonner le thon avec de l'huile d'olive, saler et poivrer. Griller de 4 à 5 min de chaque côté ou jusqu'à ce que l'extérieur brunisse légèrement et que l'intérieur reste saignant. Servir chaque portion de pâtes avec une darne de thon grillée. **4 portions**

PRÉPARATION

- 60 ml (¼ tasse) d'huile d'olive et un peu plus pour griller les légumes
- 1 oignon, pelé et grossièrement haché
- 1 citron, coupé en tranches fines et épépiné
- Jus d'un citron
- 250 ml (1 tasse) de bouillon de poulet (p. 108)
- 480 g (1 lb) de trenne
- 2 c. à soupe de câpres, égouttées
- 7 g (¼ tasse) de persil plat frais, émincé
- Sel de mer et poivre noir fraîchement moulu
- 4 darnes de thon de 180 g (6 oz) chacune

Couscous de Trapani

Cuscusu di Trapani

- 3 c. à soupe d'huile d'olive extravierge
- 1 carotte, pelée et émincée
- 1 tige de céleri, émincée
- 1 oignon, finement haché
- 500 ml (2 tasses) de vin blanc sec
- 1,5 litre (6 tasses) de bouillon de poisson (p. 108)
- 1 gousse d'ail, émincée
- 1 kg (2 lb) de poissons frais variés, sans arêtes, nettoyés et coupés en morceaux de 5 cm (2 po)
- 7 g (¼ tasse) de persil plat frais, émincé et un peu plus pour la garniture
- 1 peperoncino (chili rouge séché)
- Sel de mer et poivre noir fraîchement moulu
- 360 g (12 oz) de couscous minute

Sur une carte géographique, il est facile d'imaginer la route que le couscous a empruntée de l'Afrique du Nord jusqu'en Sicile. Le couscous maison est fait avec de la semoule de blé dur, de l'eau et un peu de safran que l'on fait cuire à la vapeur dans une marmite spéciale. Le liquide qui mijote sous le couscous est un bouillon de poisson qui sera servi avec lui. On trouve aujourd'hui des couscous de qualité dans le commerce. Il suffit de les réhydrater avant de les servir. Trapani est un port de la côte ouest de la Sicile où l'on pêche les fruits de mer en abondance. Utilisez du poisson à chair ferme tel que l'espadon et, si vous le désirez, quelques fruits de mer variés.

- Dans un plat à sauter, chauffer l'huile d'olive sur feu moyen-élevé. Faire sauter les carottes, le céleri et les oignons de 5 à 6 min, jusqu'à ce qu'ils brunissent. Déglacer le plat avec le vin en remuant pour détacher les particules qui sont restées collées au fond. Cuire sur feu élevé pour faire réduire de moitié. Ajouter le bouillon de poisson et l'ail et amener à ébullition. Ajouter les morceaux de poisson, le persil et le peperoncino et réduire la chaleur. Laisser mijoter de 8 à 10 min, jusqu'à ce que le poisson soit ferme et opaque. Saler et poivrer.

- Retirer le poisson à l'aide d'une écumoire et garder au chaud. Mettre le couscous dans un grand bol et l'arroser avec le bouillon de poisson. Remuer doucement. Transvider sur un plateau de service chaud, couvrir avec le poisson et garnir de persil. Servir immédiatement.

6 portions

- 225 g (1 ¼ tasse) de farine tout usage non blanchie
- 250 g (1 ¼ tasse) de semoule de blé dur (semolina) finement moulu
- 4 œufs
- 3 c. à soupe d'huile d'olive extravierge
- 3 grosses gousses d'ail, émincées
- 1 peperoncino (chili rouge séché) ou 1 c. à café (1 c. à thé) de piment rouge en flocons
- 1 boîte de 840 g (28 oz) de tomates entières, égouttées et grossièrement hachées
- 2 c. à soupe de persil plat frais, émincé
- 1 c. à soupe de basilic frais, émincé
- Sel de mer et poivre noir fraîchement moulu

Nouilles à la sauce tomate épicée
faites avec la chitarra

PRÉPARATION

Macccheroni alla Chitarra Arrabiata

La chitarra est un instrument pour faire les pâtes qui ressemble à une guitare. Il s'agit d'une pièce de bois triangulaire sur laquelle sont montés des fils métalliques (voir p. 20-21). Si vous n'avez pas de chitarra, coupez la pâte en cordons de 6 mm (¼ po) avec un couteau à lame fine et bien affûtée.

- Sur une planche en bois, mélanger la farine et la semoule de blé dur. Faire une fontaine au centre et y mettre les œufs. Avec les doigts, dans un mouvement circulaire, mélanger les œufs et la farine. Former une boule et pétrir de 10 à 15 min, jusqu'à consistance onctueuse et élastique. Laisser reposer 15 min.

- Rouler la pâte en feuilles de 6 mm (¼ po) d'épaisseur. Mettre chaque feuille sur la *chitarra* et la rouler avec un rouleau à pâte en la pressant à travers les fils métalliques de manière à obtenir de longues nouilles. Laisser reposer les nouilles sur un linge propre légèrement fariné.

- Dans un plat à sauter, chauffer l'huile d'olive sur feu moyen-élevé. Faire sauter l'ail et le peperoncino 2 ou 3 min pour les attendrir sans les faire brunir. Ajouter les tomates, le persil et le basilic. Réduire la chaleur et laisser mijoter de 10 à 15 min, jusqu'à ce que la sauce épaississe légèrement. Saler et poivrer.

- Dans une grande marmite d'eau bouillante salée, cuire les pâtes de 4 à 5 min, jusqu'à cuisson *al dente*. Égoutter et transvider dans un bol de service chaud, Napper avec la sauce et servir immédiatement.

6 portions

- 60 ml (¹/₄ tasse) d'huile d'olive
  + 3 c. à soupe
- 6 g (¹/₄ tasse) de feuilles de basilic
  légèrement tassées
- 2 poivrons rouges, grillés, pelés et coupés
  en julienne
- 2 poivrons jaunes, grillés, pelés et coupés
  en julienne
- 480 g (1 lb) de saucisses italiennes, coupées
  en morceaux de 2,5 cm (1 po)
- 180 g (1 tasse) d'olives italiennes noires
  conservées dans l'huile, dénoyautées
- 480 g (1 lb) de fusilli ou de pâtes au choix

Fusilli à la saucisse et aux olives

Fusilli Lunghi con Salsicce e Olive

Ce sont les pâtes préférées de ma fille qui aime les nouilles longues qui ressemblent à des boucles de cheveux.

• Dans le mélangeur, mélanger 60 ml (¹/₄ tasse) d'huile d'olive et le basilic. Actionner le moteur jusqu'à ce que le basilic soit bien mélangé. Transvider dans un bol. Ajouter les poivrons en julienne et réserver.

• Dans un plat à sauter, sur feu moyen-élevé, chauffer l'huile d'olive restante et faire brunir les saucisses 2 min sur toutes les faces. Ajouter le mélange aux poivrons et les olives. Bien réchauffer et garder sur feu doux.

• Dans une grande marmite d'eau bouillante salée, cuire les pâtes en suivant les indications inscrites sur l'emballage, jusqu'à cuisson *al dente*. Égoutter et mélanger avec la sauce. Servir immédiatement.

6 portions

Gnocchi à la sauce tomate

Malloreddus

Les malloreddus, aussi appelés gnocchetti sardi, sont de petits gnocchi que l'on trouve en Sardaigne. Ces pâtes sont consistantes puisqu'elles sont faites avec de la semoule de blé dur. Elles ont une belle couleur jaune, un bon goût de safran, et elles ressemblent à des coquilles vides.

• Sur une surface de travail, mélanger la semoule de blé dur et le sel. Faire une fontaine au centre et y mettre l'eau contenant le safran. Travailler la semoule et l'eau jusqu'à ce que la pâte commence à prendre forme. Pétrir 10 min ou jusqu'à ce qu'elle soit onctueuse et ferme. Rouler la pâte en cordons de 12 mm ($\frac{1}{2}$ po) d'épaisseur. Couper les cordons en morceaux de 12 mm ($\frac{1}{2}$ po) de longueur. Passer les petits gnocchis dans la farine tout usage et faire des marques avec les dents d'une fourchette. Presser les gnocchi avec le pouce pour imprimer une légère empreinte concave. Réserver sur une surface légèrement farinée.

• Pour préparer la sauce : dans une grande casserole lourde, sur feu moyen, chauffer l'huile d'olive et faire sauter l'ail et les oignons 3 min environ pour les attendrir sans les faire brunir.

• Ajouter les tomates, le basilic, le persil et le bouillon de poulet. Laisser mijoter de 30 à 45 min, jusqu'à ce que la sauce épaississe. Réduire en purée dans le mélangeur et remettre dans la casserole. Saler et poivrer. Garder au chaud.

• Dans une grande marmite d'eau bouillante salée, cuire les gnocchi de 3 à 4 min environ, jusqu'à ce qu'ils remontent à la surface. Égoutter et napper avec la sauce. **4 portions**

GNOCCHI
- 300 g (1 $\frac{1}{2}$ tasse) de semoule de blé dur (semolina)
- Pincée de sel
- Pincée de safran, trempée dans 125 ml ($\frac{1}{2}$ tasse) d'eau chaude
- Farine tout usage non blanchie

SAUCE
- 2 c. à soupe d'huile d'olive extravierge
- 1 gousse d'ail, émincée
- 120 g ($\frac{1}{2}$ tasse) d'oignons, finement hachés
- 6 tomates prunes mûres, pelées (p. 109), épépinées et grossièrement hachées
- 2 c. à soupe de basilic frais, émincé
- 2 c. à soupe de persil plat frais, émincé
- 500 ml (2 tasses) de bouillon de poulet (p. 108)
- Sel de mer et poivre noir fraîchement moulu

Coquilles farcies à la ricotta, aux poivrons et aux anchois

Conchiglione Ripiena

- 18 grosses pâtes en forme de coquille, cuites et bien égouttées

FARCE
- 480 g (1 lb) d'épinards, cuits, épongés et hachés
- 480 g (1 lb) de ricotta
- 2 jaunes d'œufs
- 30 g (¼ tasse) de parmigiano reggiano fraîchement râpé
- Muscade au goût
- Sel de mer et poivre noir fraîchement moulu

SAUCE
- 3 c. à soupe d'huile d'olive extravierge
- 2 gousses d'ail, émincées
- 1 oignon, finement haché
- 500 ml (2 tasses) de bouillon de poulet (p. 108)
- 6 tomates prunes mûres, pelées (p. 109) et grossièrement hachées
- 3 poivrons rouges, grillés, pelés et grossièrement hachés
- 3 filets d'anchois
- 7 g (¼ tasse) de persil plat frais, émincé
- Sel de mer et poivre noir fraîchement moulu

PRÉPARATION

Ce plat est très populaire dans toute la région du Sud où l'on sert des coquilles de différentes grosseurs. En italien, le suffixe «-one» indique qu'il s'agit d'une pâte de bonne grosseur.

• Pour préparer la farce: mélanger les épinards et la ricotta. Ajouter les jaunes d'œufs et le parmigiano reggiano. Assaisonner avec le sel, le poivre et la muscade.

• Pour préparer la sauce: dans un plat à sauter, chauffer l'huile d'olive sur feu moyen. Ajouter l'ail et les oignons et faire sauter 2 ou 3 min pour les attendrir sans les faire brunir. Ajouter le bouillon de poulet, les tomates, les poivrons, les anchois et le persil. Laisser mijoter de 30 à 45 min environ, jusqu'à réduction et épaississement de la sauce. Réduire la sauce en purée dans le mélangeur et remettre dans le plat à sauter. Saler et poivrer.

• Préchauffer le four à 180 °C (350 °F). Huiler légèrement une casserole de 2 litres (8 tasses). Remplir les pâtes avec la farce à l'aide d'une cuillère. Dresser les coquilles dans la casserole en les serrant bien les unes contre les autres. Verser la sauce aux poivrons sur le dessus et mettre au four. Cuire 30 min, jusqu'à ce que la sauce commence à bouillonner. Servir immédiatement. **4 à 6 portions**

Spaghetti à la boutargue

Spaghetti con Bottarga

La boutargue est un apprêt traditionnel à base d'œufs de mulet ou de thon séchés. On l'achète sous la forme d'une petite brique dure facile à râper sur des pâtes chaudes.

• Dans un plat à sauter, chauffer l'huile d'olive sur feu moyen. Ajouter l'ail et faire sauter 1 ou 2 min pour l'attendrir sans le faire brunir. Ajouter la chapelure et cuire 3 ou 4 min, jusqu'à ce qu'elle brunisse. Incorporer le persil et les câpres. Réserver.

• Dans une grande marmite d'eau bouillante salée, cuire les pâtes en suivant les indications inscrites sur l'emballage, jusqu'à cuisson *al dente*. Égoutter et mélanger les pâtes avec le mélange à base de chapelure. Saler et poivrer. Transvider dans un bol de service chaud, couvrir de boutargue et servir immédiatement. **6 portions**

- 60 ml (¼ tasse) d'huile d'olive
- 3 gousses d'ail, émincées
- 90 g (½ tasse) de chapelure
- 2 c. à soupe de persil plat frais, émincé
- 2 c. à soupe de câpres conservées dans le sel, rincées et égouttées
- 480 g (1 lb) de spaghetti
- Sel de mer et poivre noir fraîchement moulu
- 30 g (1 oz) de boutargue

Ziti au four

Ziti al Forno

Voici le plat idéal pour un souper en famille. Préparez-le la veille et mettez-le au four quand vos invités arrivent.

- Préchauffer le four à 190 °C (375 °F). Huiler légèrement une casserole de 32 x 23 cm (13 x 9 po).

- Pour préparer la sauce : dans un grand poêlon, chauffer l'huile d'olive sur feu moyen-élevé. Ajouter l'ail, les oignons, les carottes et le céleri. Faire sauter 3 ou 4 min environ. Ajouter les tomates et le bouillon de veau. Bien remuer, réduire la chaleur, couvrir et cuire environ 1 h, jusqu'à léger épaississement. Saler et poivrer. Retirer du feu.

- Pour faire les boulettes de viande : dans un bol, mélanger la viande hachée, l'œuf, 60 g (½ tasse) de parmigiano reggiano, le persil et le pain trempé dans le lait. Saler et poivrer. Façonner des boulettes de 20 mm (¾ po) de diamètre. Rouler légèrement dans la farine.

- Dans un poêlon, chauffer l'huile d'olive sur feu moyen-élevé. Ajouter les boulettes de viande et faire brunir de 8 à 10 min environ. Avec une écumoire, déposer les boulettes sur du papier absorbant et laisser égoutter.

- Dans une grande marmite d'eau bouillante salée, cuire les pâtes 8 min. Égoutter et remettre dans la marmite. Mélanger avec la sauce et les boulettes de viande. Transvider dans la casserole huilée. Couvrir avec le parmigiano reggiano restant et cuire au four 30 min ou jusqu'à ce que le fromage brunisse légèrement. Servir immédiatement.

8 portions

SAUCE

- 125 ml (½ tasse) d'huile d'olive extravierge
- 1 gousse d'ail, émincée
- 1 oignon, en dés
- 1 carotte, pelée et coupée en dés
- 1 tige de céleri, en dés
- 480 g (1 lb) de tomates mûres, pelées (p. 109), épépinées et grossièrement hachées
- 500 ml (2 tasses) de bouillon de veau (p. 108)
- Sel de mer et poivre noir fraîchement moulu

BOULETTES DE VIANDE

- 360 g (12 oz) de veau haché
- 1 œuf
- 90 g (¾ tasse) de parmigiano reggiano fraîchement râpé
- 2 c. à soupe de persil plat frais, émincé
- 1 tranche de pain de campagne d'une journée, trempée dans 125 ml (½ tasse) de lait
- Sel de mer et poivre noir fraîchement moulu
- Farine tout usage non blanchie
- Huile d'olive pour la friture

- 480 g (1 lb) de ziti

PRÉPARATION

PÂTES

- 180 g (1 tasse) de farine tout usage non blanchie
- 400 g (2 tasses) de semoule de blé dur (semolina) finement moulue
- 250 ml (1 tasse) d'eau

SAUCE

- 300 g (10 oz) de feuilles de navet, en julienne
- 3 c. à soupe d'huile d'olive extravierge
- 2 gousses d'ail, émincées
- 3 filets d'anchois
- 2 tomates mûres, pelées (p. 109) et grossièrement hachées
- 1 peperoncino (chili rouge séché)
- Sel de mer et poivre noir fraîchement moulu

Natalizia Rosato, chef réputée de la région des Pouilles, fait ses orecchiette entièrement avec de la semoule de blé dur (semolina). Dans cette recette, j'ai remplacé une partie de la semoule par de la farine tout usage pour obtenir une pâte plus facile à manier à la fourchette. Les résultats sont remarquables avec sa sauce préférée, à base de feuilles de navet et de piment.

- Pour faire les orecchiette : utiliser les trois ingrédients énumérés à gauche et préparer la pâte en suivant les indications de la p. 31.

- Couper la pâte en 4 morceaux et rouler chacun en longs cordons de 12 mm ($^1/_2$ po) d'épaisseur. Avec un couteau à lame fine et bien affûtée, couper chaque cordon en petits disques de 6 mm ($^1/_4$ po) d'épaisseur. Presser fermement chaque disque avec le plat d'un couteau pour l'aplatir. Retourner le disque aplati sur son pouce pour créer une petite bosse au milieu. Laisser reposer sur un linge propre légèrement fariné jusqu'au moment de les faire cuire.

- Pour préparer la sauce : dans une grande marmite d'eau bouillante salée, blanchir les feuilles de navet (p. 109). Égoutter et réserver l'eau de cuisson pour faire cuire les pâtes.

- Dans un plat à sauter, chauffer l'huile d'olive sur feu moyen-élevé. Ajouter l'ail, les anchois, les tomates et le peperoncino. Cuire 10 min, ajouter les feuilles de navet et cuire 5 min de plus, jusqu'à ce qu'elles soient très tendres. Retirer le peperoncino et assaisonner la sauce avec le sel et le poivre. Garder au chaud.

- Ramener l'eau de cuisson à ébullition et ajouter les pâtes. Cuire 3 ou 4 min, jusqu'à cuisson *al dente*. Égoutter et les mélanger avec la sauce. Transvider dans un bol de service chaud et servir immédiatement.

6 portions

Spaghetti alla carbonara

Spaghetti Carbonara

Ce plat est arrivé en Amérique avec les immigrants italiens et il est extrêmement populaire dans toutes les maisons et tous les restaurants. Le mot carbonara signifie « à la mode du charbonnier », ce qui fait référence à sa composition très consistante.

• Dans un petit plat à sauter, sur feu moyen, chauffer l'huile d'olive et faire sauter les oignons environ 3 min pour les attendrir sans les faire brunir. Ajouter la pancetta pour la faire brunir légèrement. Réserver et laisser refroidir légèrement.

• Dans un grand bol, battre les jaunes d'œufs, la crème fraîche et le parmigiano reggiano. Ajouter la préparation aux oignons, saler et poivrer. Réserver.

• Dans une grande marmite d'eau bouillante salée, cuire les pâtes de 8 à 10 min, jusqu'à cuisson *al dente*. Égoutter et mélanger avec la préparation aux œufs. Servir dans un bol de service chaud, garnir de persil et servir immédiatement. **6 portions**

PRÉPARATION

- 2 c. à soupe d'huile d'olive extravierge
- 1 oignon, en dés
- 120 g (4 oz) de pancetta, en dés
- 4 jaunes d'œufs
- 125 ml (½ tasse) de crème fraîche
- 120 g (4 oz) de parmigiano reggiano fraîchement râpé
- Sel de mer et poivre noir fraîchement moulu
- 480 g (1 lb) de spaghetti
- 3 c. à soupe de persil plat frais, émincé

Rigatoni à l'agneau, aux artichauts et au romarin

- 5 petits artichauts
- 1 citron, coupé en deux
- 480 g (1 lb) de surlonge d'agneau, désossée
- Sel de mer et poivre noir fraîchement moulu
- 60 ml (¼ tasse) d'huile d'olive extravierge
- 1 petit oignon, coupé en fines tranches
- 250 ml (1 tasse) de vin rouge
- 500 ml (2 tasses) de bouillon de veau (p. 108)
- 1 boîte de 360 g (12 oz) de tomates entières
- 1 c. à soupe de persil plat frais, émincé
- 3 brins de romarin frais
- 90 g (½ tasse) d'olives italiennes noires, dénoyautées
- 480 g (1 lb) de rigatoni

PRÉPARATION

Rigatoni al Sugo d'Agnello, Carciofi, e Rosmarino

Un mets consistant que l'on servira comme plat principal ou à l'occasion d'un buffet pascal.

- Parer la partie supérieure des artichauts. Enlever les feuilles extérieures trop dures. Couper les artichauts en quartiers sur la longueur. Frotter la face coupée avec un citron. Presser le citron dans un bol d'eau et laisser les artichauts y tremper.

- Couper l'agneau en cubes de 2,5 cm (1 po). Saler et poivrer. Dans un poêlon, chauffer l'huile d'olive sur feu moyen-élevé et cuire les cubes de viande et les oignons de 8 à 10 min, jusqu'à ce que l'agneau brunisse. Déglacer le poêlon avec le vin en remuant pour détacher les particules qui sont restées collées au fond. Réduire de moitié sur feu élevé.

- Ajouter le bouillon et les tomates (avec leur jus) et ramener à ébullition. Réduire la chaleur, ajouter les artichauts, le persil et le romarin. Couvrir et laisser mijoter de 45 à 50 min environ, jusqu'à ce que les artichauts soient tendres. Incorporer les olives, saler et poivrer. Enlever le couvercle et garder au chaud sur feu moyen pendant que l'on fait cuire les pâtes.

- Dans une grande marmite d'eau bouillante salée, cuire les pâtes en suivant les indications inscrites sur l'emballage, jusqu'à cuisson *al dente*. Mélanger les pâtes avec la sauce et transvider dans un plat de service chaud. Servir immédiatement. **6 portions**

Timbale à l'aubergine et aux pâtes

Timballo di Maccheroni con Melanzane

PRÉPARATION

Un plat délicieux et spectaculaire que l'on sert surtout à l'occasion d'un anniversaire ou d'une fête.

• Préchauffer le gril.

• Saupoudrer les tranches d'aubergine de sel sur les deux faces. Laisser reposer 30 min sur une grille métallique. Éponger avec du papier absorbant. Badigeonner légèrement avec de l'huile d'olive. Griller les aubergines sur toutes les faces jusqu'à ce qu'elles brunissent légèrement. Réserver.

• Dans un grand poêlon, chauffer 3 c. à soupe d'huile d'olive et faire sauter les oignons 2 ou 3 min pour les attendrir sans les faire brunir. Ajouter le bœuf haché et cuire de 4 à 5 min pour faire brunir. Déglacer le poêlon avec le vin en remuant pour détacher les particules qui sont restées collées au fond. Réduire la préparation sur feu élevé jusqu'à épaississement. Ajouter les tomates et les fines herbes. Diminuer la chaleur et cuire à découvert de 15 à 20 min, jusqu'à épaississement. Saler et poivrer.

• Dans une grande marmite d'eau bouillante salée, cuire les pâtes en suivant les indications inscrites sur l'emballage, jusqu'à cuisson *al dente*. Égoutter, remuer avec l'huile d'olive et mélanger avec la sauce. Réserver.

• Préchauffer le four à 180 °C (350 °F). Huiler légèrement un moule rond de 1,5 litre (6 tasses) ou de 25 x 6 cm (10 x 2 ½ po).

• Tapisser le fond et les côtés du moule avec des tranches d'aubergine grillées placées côte à côte. Verser la moitié des pâtes en les pressant doucement dans le moule. Couvrir avec le parmigiano reggiano, puis avec les tranches de provolone. Ajouter les pâtes restantes et presser doucement sur le dessus. Couvrir avec une couche de tranches d'aubergine. Couvrir le moule avec du papier parchemin et sceller avec du papier d'aluminium.

• Cuire au four 30 min. Enlever le papier parchemin et le papier d'aluminium. Renverser le moule sur un plateau et laisser reposer 5 min avant de le retirer. Découper en tranches avec un couteau bien affûté. **6 portions**

- 3 aubergines, coupées sur la longueur en tranches de 6 mm (¼ po)
- Sel de mer
- 3 c. à soupe d'huile d'olive extravierge et un peu plus pour badigeonner les aubergines et mélanger les pâtes
- 1 oignon, émincé
- 480 g (1 lb) de bœuf haché maigre
- 250 ml (1 tasse) de vin rouge
- 3 grosses tomates, pelées (p. 109) et grossièrement hachées
- 1 c. à soupe de persil plat frais, émincé
- 1 c. à café (1 c. à thé) de romarin frais, émincé
- 1 c. à café (1 c. à thé) de thym frais, émincé
- Poivre noir fraîchement moulu
- 480 g (1 lb) d'annelini ou de petites pâtes au choix
- 30 g (¼ tasse) de parmigiano reggiano fraîchement râpé
- 180 g (6 oz) de provolone fumé, en tranches

Cannelloni

Cannelloni

FARCE

- 360 g (12 oz) de veau, désossé
- 1 oignon moyen, en dés
- 2 c. à soupe d'huile d'olive
- 60 g (2 oz) de pancetta, émincée
- 360 g (12 oz) d'épinards, blanchis (p. 109), épongés et hachés
- 90 g (¾ tasse) de parmigiano reggiano fraîchement râpé
- Sel de mer et poivre noir fraîchement moulu

- Pâte fraîche (p. 31)

BALSAMELLA

- 60 g (¼ tasse) d'oignons, finement émincés
- 2 c. à soupe d'huile d'olive
- 3 c. à soupe de farine
- 750 ml (3 tasses) de lait
- Sel de mer et poivre blanc fraîchement moulu
- Muscade fraîchement moulue, au goût

• Pour préparer la farce : dans le robot de cuisine, hacher finement le veau et les oignons. Réserver.

• Chauffer l'huile d'olive dans un plat à sauter moyen. Ajouter la pancetta et le veau. Cuire sur feu moyen de 8 à 10 min pour faire brunir. Incorporer les épinards et 60 g (½ tasse) de parmigiano reggiano. Saler et poivrer. Réserver et laisser refroidir.

• Rouler finement la pâte (deuxième réglage le plus fin de la machine). Couper la pâte en 18 rectangles de 8 x 10 po (3 x 4 po). Réserver sur une surface légèrement farinée.

• Pour préparer la balsamella : faire sauter les oignons dans l'huile d'olive pour les attendrir sans les faire brunir. Ajouter la farine et cuire 3 min sur feu doux sans cesser de remuer. Ajouter le lait et laisser mijoter 3 ou 4 min environ, jusqu'à épaississement. Assaisonner avec le sel, le poivre et la muscade.

• Ajouter 250 ml (1 tasse) de balsamella au mélange viande-épinards.

• Dans une grande marmite d'eau bouillante salée, cuire les rectangles de pâte de 3 à 5 min, jusqu'à ce qu'ils soient presque tendres. Ne pas trop cuire. Retirer les rectangles de l'eau bouillante et transvider dans un grand bol d'eau froide. Égoutter et mettre sur un linge propre jusqu'au moment de les utiliser.

• Préchauffer le four à 200 °C (400 °F). Huiler légèrement un plat de cuisson de 32 x 23 cm (13 x 9 po). Étendre une fine couche de balsamella au fond.

• Pour assembler les cannelloni : le long d'un côté d'un rectangle de pâte, mettre 2 ou 3 c. à soupe combles de viande. Rouler le rectangle pour former un cylindre et le placer dans le plat de cuisson huilé, ouverture vers le fond. Faire la même chose avec les autres rectangles que l'on dressera à tour de rôle dans le plat. Couvrir les cannelloni avec la balsamella restante. Couvrir de parmigiano reggiano et cuire au four de 20 à 25 min, jusqu'à ce que le fromage brunisse légèrement. Servir immédiatement. **6 portions**

- 2 c. à soupe d'huile d'olive
- 2 grosses échalotes, émincées
- 3 gousses d'ail, émincées
- 240 g (8 oz) de champignons sauvages variés (porcini, shiitake, chanterelles), sans pieds, coupés en tranches
- 60 g (2 oz) de porcini séchés, trempés 20 min dans 125 ml (½ tasse) de bouillon de poulet chaud (p. 108)
- 60 ml (¼ tasse) de marsala
- 500 ml (2 tasses) de bouillon de poulet (p. 108)
- 480 g (1 lb) de poitrine de poulet, désossée et sans peau, en julienne
- 1 c. à café (1 c. à thé) de thym frais, émincé
- 1 c. à soupe de persil plat frais, émincé
- Sel de mer et poivre noir fraîchement moulu
- 480 g (1 lb) de al ceppo ou de pâtes au choix

Pâtes aux champignons sauvages

Pasta al Ceppo con Salsa di Porcini

Ces longues pâtes tubulaires adhèrent bien les unes aux autres et absorbent facilement la sauce. Cette recette automnale peut composer un mets principal qui saura satisfaire les estomacs les plus robustes.

• Dans un plat à sauter, chauffer l'huile d'olive sur feu moyen-élevé. Faire sauter les échalotes et l'ail 2 ou 3 min environ pour les attendrir sans les faire brunir. Ajouter les champignons coupés en tranches. Filtrer les champignons séchés et réserver le liquide de trempage. Hacher les champignons égouttés et les ajouter à la sauce. Cuire 10 min sur feu moyen-élevé, jusqu'à ce qu'ils soient tendres et que le liquide soit évaporé.

• Déglacer le plat à sauter avec le marsala. Réduire jusqu'à épaississement. Ajouter le bouillon de poulet et l'eau de trempage réservée. Amener à ébullition. Ajouter le poulet, le thym et le persil. Couvrir et laisser mijoter de 18 à 20 min, jusqu'à ce que le poulet soit cuit et que la sauce épaississe légèrement. Saler et poivrer. Garder au chaud.

• Dans une grande marmite d'eau bouillante salée, cuire les pâtes en suivant les indications inscrites sur l'emballage, jusqu'à cuisson *al dente*. Égoutter et transvider dans un bol de service chaud. Napper avec la sauce et servir immédiatement. **6 portions**

Strozzapreti aux crevettes et aux courgettes

Strozzapreti ai Gamberi e Zucchine

Cette recette est une adaptation de fabricant de pâtes Mario Vicidomini. Le mot strozzapreti renferme une touche humoristique certaine puisqu'il signifie «étrangleur de prêtre», ce qui réfère à la grosseur de ces pâtes avec lesquelles on pourrait facilement s'étouffer… Encore plus amusant, le mot strozzacavalli signifie «étrangleur de cheval»!

• Dans un bol, mélanger l'huile d'olive, l'ail et le peperoncino. Ajouter les crevettes et les courgettes et bien remuer. Réserver et laisser mariner jusqu'au moment de la cuisson.

• Fondre le beurre dans un poêlon. Ajouter les oignons et les carapaces de crevettes et cuire sur feu moyen-élevé de 3 à 5 min environ, jusqu'à ce que les oignons soient dorés. Ajouter le vin et réduire jusqu'à épaississement. Retirer et jeter les carapaces de crevettes. Ajouter le mélange crevettes-courgettes et cuire de 3 à 5 min, jusqu'à ce que les crevettes soient roses et que les courgettes soient tendres. Incorporer le persil et les tomates. Saler et poivrer. Garder au chaud.

• Dans une grande marmite d'eau bouillante salée, cuire les pâtes en suivant les indications inscrites sur l'emballage, jusqu'à cuisson *al dente*. Égoutter et mélanger avec la sauce. Servir immédiatement.

6 à 8 portions

- 125 ml (½ tasse) d'huile d'olive
- 2 gousses d'ail, émincées
- 1 peperoncino (chili rouge séché), écrasé
- 300 g (10 oz) de crevettes moyennes, nettoyées (réserver les carapaces)
- 2 courgettes, en tranches
- 2 c. à soupe de beurre non salé
- 1 petit oignon, haché
- 250 ml (1 tasse) de vin blanc
- 7 g (¼ tasse) de persil plat frais, émincé
- 480 g (1 lb) de tomates cerises, coupées en deux
- Sel de mer et poivre noir fraîchement moulu
- 480 g (1 lb) de strozzapreti ou de pâtes au choix

RECETTES DE BASE

Bouillon de poulet

- Mettre tous les ingrédients dans une grande marmite et amener à ébullition. Réduire la chaleur et laisser mijoter à découvert 2 h en écumant régulièrement la surface du bouillon. Filtrer le bouillon et jeter le poulet et les légumes. Garder dans le réfrigérateur jusqu'à ce que le gras se solidifie et puisse être dégraissé. **5 litres (20 tasses)**

- 1 poulet de 1,5 kg (3 lb) ou la même quantité de morceaux de poulet
- 1 carotte, pelée et coupée en morceaux de 12 mm (½ po)
- 1 tige de céleri, coupée en morceaux de 12 mm (½ po)
- 1 oignon, coupé en morceaux de 12 mm (½ po)
- Bouquet garni : 1 brin de persil, 1 feuille de laurier, 1 brin de thym, 4 ou 5 grains de poivre noir
- 4 litres (16 tasses) d'eau de source

Bouillon de veau

- Préchauffer le four à 220 °C (425 °F). Mettre les os et les oignons dans un plat de cuisson huilé. Faire rôtir au four de 35 à 40 min ou jusqu'à ce qu'ils soient très bruns. Mettre les os, les oignons et tous les autres ingrédients dans une grande marmite. Amener à ébullition. Réduire la chaleur et laisser mijoter à découvert pendant 8 h en écumant régulièrement la surface du bouillon. Filtrer le bouillon et jeter les solides. Garder dans le réfrigérateur jusqu'à ce que le gras se solidifie et puisse être dégraissé. **5 litres (20 tasses)**

- 4,5 kg (10 lb) d'os de jarret de veau, coupés en morceaux de 8 cm (3 po)
- 2 oignons, coupés en morceaux de 2,5 cm (1 po)
- 2 carottes, pelées et coupées en morceaux de 2,5 cm (1 po)
- 1 tige de céleri, coupée en morceaux de 2,5 cm (1 po)
- Bouquet garni : 1 brin de persil, 1 feuille de laurier, 1 brin de thym, 4 ou 5 grains de poivre noir
- 12 litres (48 tasses) d'eau de source

Bouillon de poisson

- Dans une grande marmite, sur feu moyen, chauffer l'huile d'olive et faire sauter les oignons, les carottes et le céleri de 5 à 8 min, jusqu'à ce qu'ils brunissent. Ajouter le vin, augmenter la chaleur au maximum et remuer pour détacher les particules qui sont restées collées au fond.

- Cuire jusqu'à évaporation presque complète du vin. Ajouter l'eau, les arêtes de poisson et le bouquet garni. Amener à ébullition, diminuer la chaleur et laisser mijoter au moins 45 min. Filtrer le bouillon et jeter les arêtes et les légumes. **3 litres (12 tasses)**

- 60 ml (¼ tasse) d'huile d'olive extravierge
- 2 oignons, grossièrement hachés
- 2 carottes, pelées et grossièrement hachées
- 3 tiges de céleri, grossièrement hachées
- 125 ml (½ tasse) de vin blanc sec
- 4 litres (16 tasses) d'eau de source
- 480 g (1 lb) d'arêtes de poisson
- Bouquet garni : 1 brin de persil, 1 feuille de laurier, 1 brin de thym, 4 ou 5 grains de poivre noir

GRILLER LES NOIX ET LES PIGNONS

Préchauffer le four à 180 °C (350 °F). Mettre les noix sur une plaque à pâtisserie et les griller au four de 8 à 10 min ou jusqu'à ce qu'elles soient dorées et qu'une bonne odeur grillée se dégage. Pour griller les pignons, compter de 5 à 7 min environ.

BLANCHIR LES LÉGUMES

Jeter les légumes dans de l'eau bouillante salée environ 30 sec, puis les mettre immédiatement dans de l'eau glacée pour arrêter la cuisson.

PELER ET ÉPÉPINER LES TOMATES

Jeter les tomates dans de l'eau bouillante salée environ 30 sec, puis les égoutter dans une passoire jusqu'à ce qu'elles soient suffisamment refroidies pour qu'on puisse les manipuler sans se brûler. Faire une petite incision sur la peau, puis les peler. Couper les tomates horizontalement en deux et enlever les graines avec l'index.

Remerciements

Pamela Sheldon Johns remercie ses amis italiens Lucy De Fazio, Cecilia Baratta Bellelli et Kimberly Wicks Bartolozzi pour leur aide inestimable dans le travail de recherche et de logistique effectué en Italie. Merci à chacun des artisans suivants : Giuseppina Maffia, Natalizia Rosato, Anna Luigia Leone, Luciana di Giandomenico, la famille Martelli et, tout particulièrement, Gianluigi Peduzzi et sa famille. Mille mercis à Ed Valenzuela and Manicaretti Imports qui nous ont procuré d'excellentes pâtes sèches pour tester les recettes et faire les photos. Une immense gratitude envers mes amis qui m'ont aidée à essayer et à peaufiner les recettes : Judy Dawson, Philippa Farrar, Michelle Holmes, Brynn Stotko, Stacey Tillotson, Julie Boyer, Jaana Vaatainen et Tom Beidler. Alaia et moi exprimons notre reconnaissance à notre photographe et compagne de voyage Joyce Oudkerk-Pool. Bons baisers à Courtney, goûteuse de pâtes extraordinaire.

Merci à mon amie et collaboratrice Jennifer Barry pour sa collaboration généreuse.

Jennifer Barry remercie Pouké Halpern, styliste et Carol Hacker, qui a fourni de magnifiques ustensiles authentiquement italiens pour les photos. Leur soutien a vraiment favorisé la réalisation de ce projet.

À ma collaboratrice Pamela Sheldon Johns, merci d'avoir partagé avec moi ton amour et ta connaissance de l'Italie. Ton esprit, ta générosité et tes compétences culinaires sont une grande source d'inspiration pour moi.

Index

Achevé d'imprimer au Canada
en octobre 2002
sur les presses de l'imprimerie Interglobe inc.